일보대련

Ein Schritt Kampf

ILBO-TAERYON

Ausweichen — Abwehren — Kontern

von

Robert Kachel 2. Dan

vorgeführt von

Th. Rothenburg 1. Dan Th. Schmidtchen 1. Dan
und Robert Kachel

Mit 213 Fotografien von
M. Kornacker und M. Biedner
und zahlreichen Schrittdiagrammen

1. Auflage
2001

VERLAG WEINMANN — BERLIN

Autor und Verlag haften in keiner Weise für Verletzungen, die bei der Ausübung der hier beschriebenen Instruktionen und Ausführungen auftreten können. Eine Haftung für Personen-, Sach- und Vermögensschäden ist ausgeschlossen.

Die Deutsche Bibliothek — CIP-Einheitsaufnahme

Kachel, Robert:
Ein Schritt Kampf Ilbo-Taeryon : Ausweichen — Abwehren — Kontern ; mit zahlreichen Schrittdiagrammen / von Robert Kachel. Vorgeführt von Th. Rothenburg ... Mit Fotos von M. Kornacker und M. Biedner. — 1. Aufl. — Berlin : Weinmann, 2001
ISBN 3-87892-071-7

Repro: Gepro GmbH
Druck: Hildebrand

Inhaltsverzeichnis

Zum Buch 6
Der Einschrittkampf 6
Zeremoniell 6
Übungshinweise 7
Zu den Schrittdiagrammen 7

Nr. 1 bis Nr. 10 Grundtechniken für Anfänger 8
Nr. 11 bis Nr. 31 Basistechniken für Fortgeschrittene 20
Nr. 32 bis Nr. 37 Fußtechniken 60
Nr. 38 bis Nr. 45 Wurf- und Hebeltechniken 72
Nr. 46 bis Nr. 48 Sprungtechniken 88
Nr. 49 bis Nr. 50 Bodentechniken 92

Bei folgenden Leuten möchte ich mich für Ihre Unterstützung bei der Entstehung dieses Buches herzlich bedanken:

Bei Thomas Schmidtchen und Thomas Rothenburg, die mit mir zusammen die 50 Techniken in diesem Buch demonstrieren.

Bei Micheal Kornacker und Monika Biedner, die sich unentgeltlich als Fotografen zur Verfügung gestellt haben.

Bei meinem Lehrer und Mentor Jürgen Englerth (5.Dan / Pullach), der mir mit Rat und Tat bei der Entstehung des Buches zur Seite stand, mir unentbehrliche Tipps und Hinweise gab und beigebracht hat was ich über TAEKWONDO weiß.

Bei Ernst Becher, der mir seine Computerausrüstung zur Verfügung gestellt hat, mit der ich dieses Buch verwirklichen konnte.

Zum Buch

„Ausweichen-Abwehren-Kontern" ist nicht nur Titel dieses Buchs sondern steht für das Prinzip fast aller auf Selbstverteidigung ausgerichteten Kampfkünste. Im TAEKWONDO wird dieses Prinzip besonders in der Übungsform „Einschrittkampf" vermittelt. Da sie ein grundlegendes Prinzip darstellt, ist diese Übungsform für jeden geeignet der Kampfkunst oder -sport ausübt. Dabei steht der Aspekt der Selbstverteidigung und realen Durchführbarkeit bei jeder Technik an vorderster Stelle.
Die in diesem Buch aufgeführten Techniken sollen eine kleine Auswahl vorstellen, die sowohl für Anfänger als für Fortgeschrittene geeignet sind. Das Buch hat nicht das Ziel, den Trainer zu ersetzen, denn nach wie vor gilt für jeden Taekwon-Doin die Auswahl und Ausführung der Techniken durch den Lehrer.

Der Einschrittkampf

TAEKWONDO ist eine sehr facettenreiche koreanische Kampfkunst. Es gibt viele Bestandteile, die das Training aufbauen. Dazu gehören die Formen (Hyong's oder Poomse), Grundschule, Handpratzentraining, Freikampf (Chayu-Taeryon), Partnerübungen und der abgesprochene Kampf (Yak Sok-Taeryon), zu dem auch der Ein-Schritt-Kampf (IL-BO-TAERYON) gehört.
Ziel des ILBO-TAERYON ist es, wichtige Kampfprinzipien als „Hyong mit Partner" vom Lehrer zum Schüler weiterzugeben. Bei dieser Partnerübung ist durch eine Art Zeremoniell sowohl der Angriff als auch die Abwehr mit Konter abgesprochen. Dadurch hat der Verteidigende die Möglichkeit, seine Technik präzise (in Grundstellungen) auszuführen, was gleichzeitig Verletzungen vermeidet. Wiederholtes Üben der Techniken bewirkt, daß die Technik zum Reflex wird, auch bei vergleichbaren Angriffen.

Zeremoniell

Nach der gegenseitigen Verbeugung öffnen beide ihre Stellung zuerst etwas nach links und setzten dann den rechten Fuß nach rechts in „schulterbeiter" Chumbi-Sogi ab.
Der Angreifer (der niedriger Graduierte greift zuerst an) geht rechts zurück in Schrittstellung und macht dabei mit dem linken Arm einen „Untenblock". Er signalisiert, daß er bereit zum Angreifen ist.

Bekommt der Angreifer die Antwort, die signalisiert daß der Partner bereit ist, greift er in einem langen Schritt nach vorne in Schrittstellung mit einem Fauststoß zum Philtrum (Nervenzentrum zwischen Nase und Oberlippe) an. Hat der Partner seine Technik beendet, kehren beide Partner umgehend in Chumbi-Sogi zurück. Der Angreifer wechselt.

Übungshinweise

1. Nachdem beide Partner in Chumbi-Sogi stehen sollte zu Beginn der Abstand zueinander überprüft werden. Optimal ist der Abstand einer Armlänge.
2. Der Angreifer hat darauf zu achten, daß sein Angriff realistisch ist; d.h. er darf nicht seitlich am Ziel vorbeischlagen oder den Schritt beim Angriff verkürzen, so daß der Fauststoß schon vor dem Ziel stoppt.
3. Der Verteidigende muß den richtigen Zeitpunkt für seine Ausweichbewegung bzw. Blocktechnik wählen; d.h. nicht bevor der Angriff gestartet wurde, aber auch nicht erst nachdem der Angriff bereits erfolgt ist.
4. Die Kontertechniken sind genau auf die vitalen Punkte (Kupso) zu zielen, müssen aber kurz vor dem Ziel gestoppt werden!
5. Hebeltechniken nicht ruckartig anreißen und den Hebel sofort lösen wenn der Partner abklopft.
6. Wurftechniken oder andere Techniken, bei denen der Partner zu Boden gebracht wird, werden nur nach ausdrücklicher Absprache mit dem Partner ausgeführt.

Zu den Schrittdiagrammen

- Die Schrittdiagramme sind so dargestellt, daß der Angreifer von oben auf den Verteidiger zugeht.
- Der Strich stellt die Mittelinie dar, die zu Beginn genau zwischen Angreifer und Verteidiger verläuft und dient der Orientierung.
- Die unausgefüllten Füße stellen die Fußstellung vor der Technik dar, die ausgefüllten Füße die Fußstellung nach der Technik (entsprechend dem Foto).
- Tritttechniken sind durch gestrichelte Linien dargestellt.
- Bei einigen Techniken sind Schrittdiagramme nicht sinnvoll und wurden daher weggelassen.

Nr. 1

- Ausweichbewegung diagonal nach rechts vorne in Reiterstellung.
- Abwehr mit dem linken Unterarm von innen nach außen.

Kima Sangdan Pakkat
Palmok Yop Makki

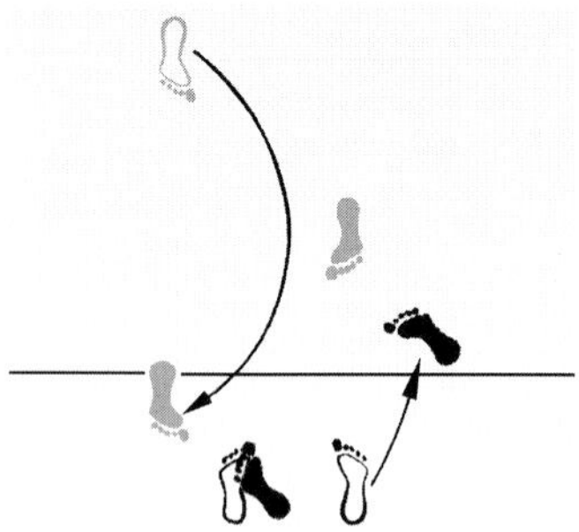

- Die rechte Hand macht einen geraden Fauststoß zum Solarplexus.

Kima Chungdan Chirugi

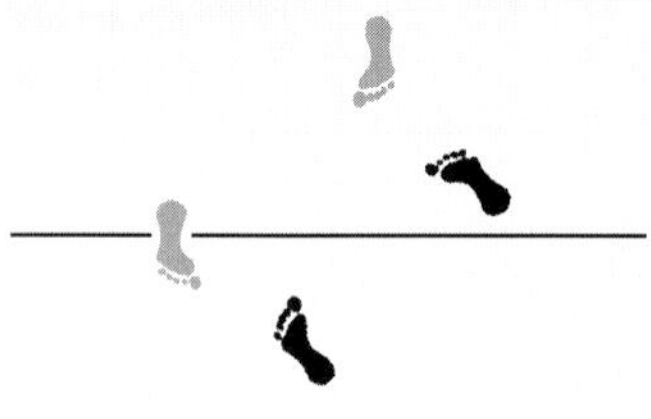

Nr. 2

- Ausweichen durch weites nach rechts Gleiten.
- Der linke Fuß wird nachgezogen.

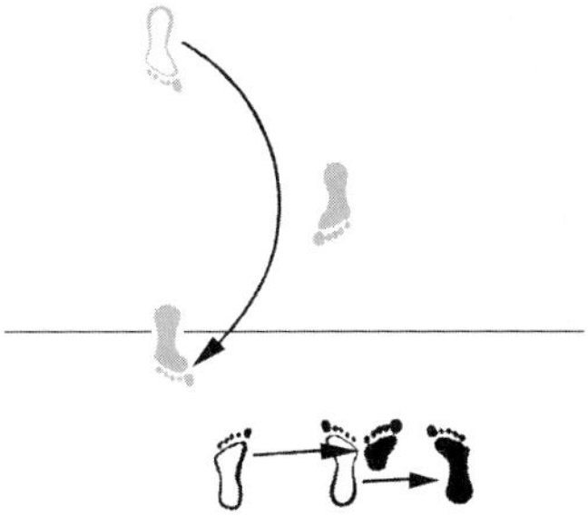

- Das linke Knie wird zum Kick hochgezogen.

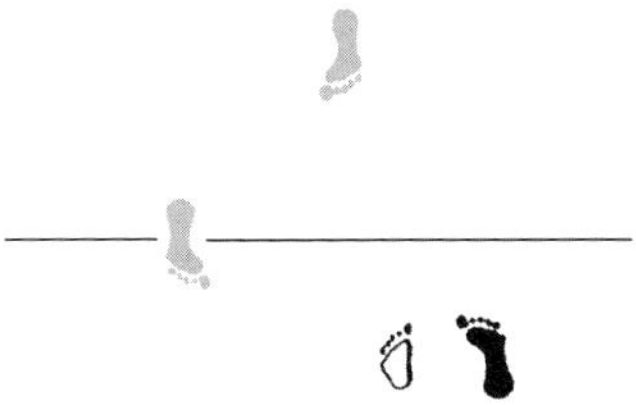

- Das linke Bein macht einen Vorwärtstritt zum Solarplexus.

Chungdan Ap Chagi

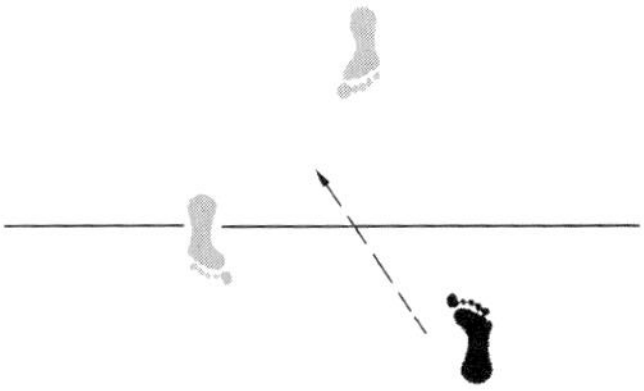

Nr. 3

- Ausweichen durch weites nach rechts Gleiten.
- Der linke Fuß wird nachgezogen.

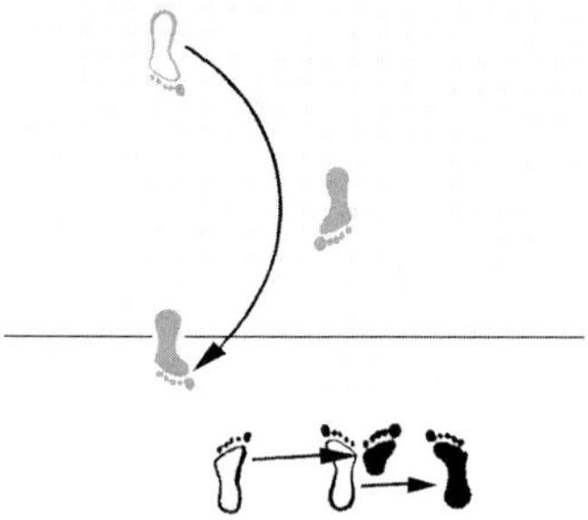

- Das linke Knie wird zum Kick hochgezogen.

- Das linke Bein macht einen Seitwärtstritt zum Kinn oder den kurzen Rippen.

Sangdan Yop Chagi

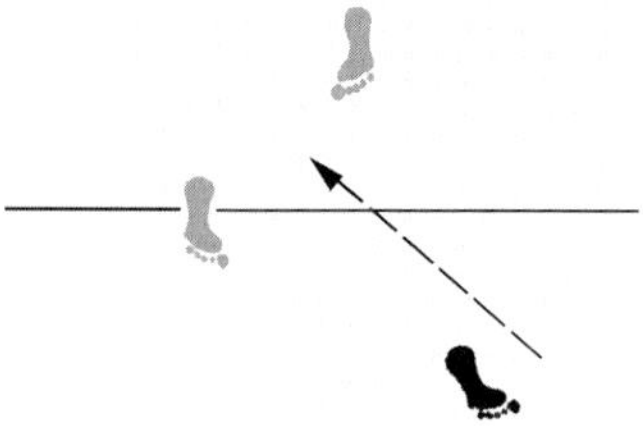

Nr. 4

- Ausweichbewegung diagonal nach rechts vorne in Reiterstellung.
- Abwehr mit dem linken Unterarm von innen nach außen.
- Die rechte Faust macht gleichzeitig einen Fauststoß zum Kinn.

Kima Sangdan Pakkat
Palmok Yop Makki
und Sangdan Chirugi

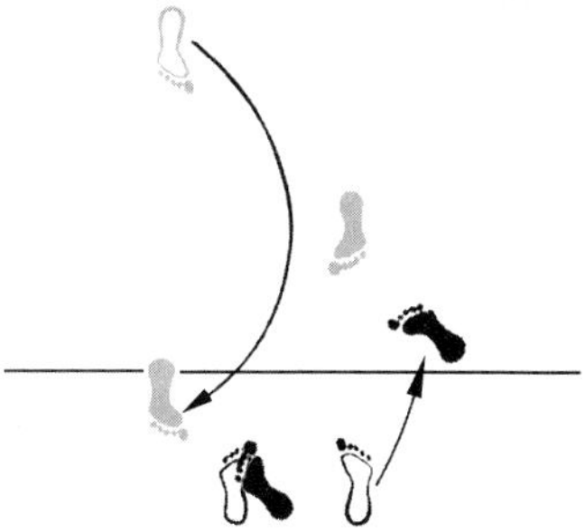

- Umsetzen in Schrittstellung durch Strecken des rechten Beins (Hüfteinsatz).
- Die rechte Faust macht einen umgekehrten Fauststoß zum Solarplexus.

Chongul Chungdan
Pandae Tyjibo Chirugi

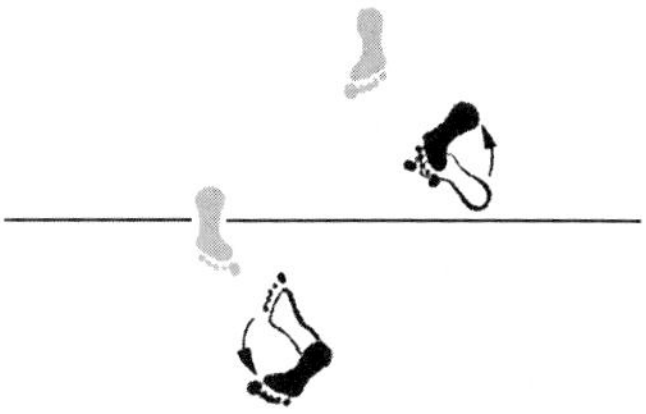

Nr. 5

- Ausweichen nach rechts hinten in L-Stellung.
- Abwehr mit einem Handkantenschutzblock.

Hugul Sangdan Sudo
Taebby Makki

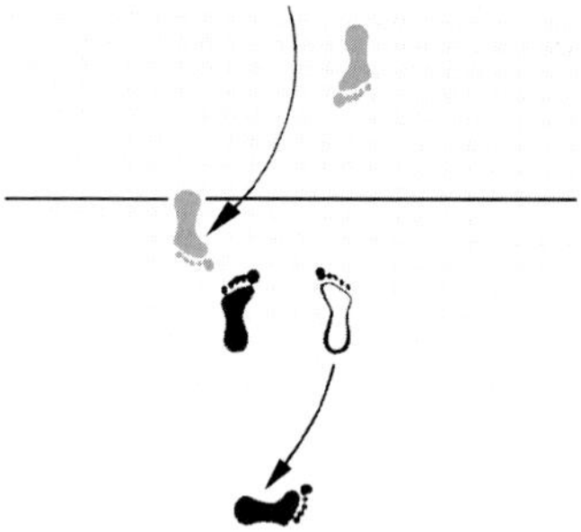

- Das linke Bein wird etwas zurückgezogen.
- Beide Hände holen über den Schultern aus.

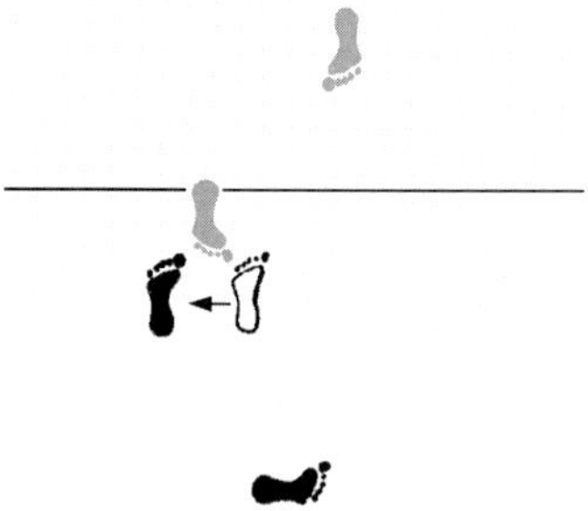

- Das linke Bein gleitet nach vorne in Schrittstellung.
- Die Arme machen einen doppelten Handkantenschlag von außen nach innen zum Hals.

Chongul Sangdan
Tu Sudo Anuro Taerigi

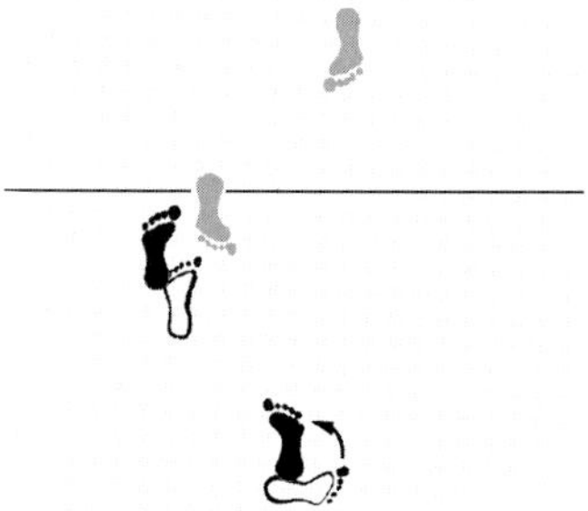

- Der Gegner wird mit beiden Händen nach unten gezogen.
- Das rechte Bein macht einen geraden Kniestoß zum Solarplexus.

Murup Ap Chagi

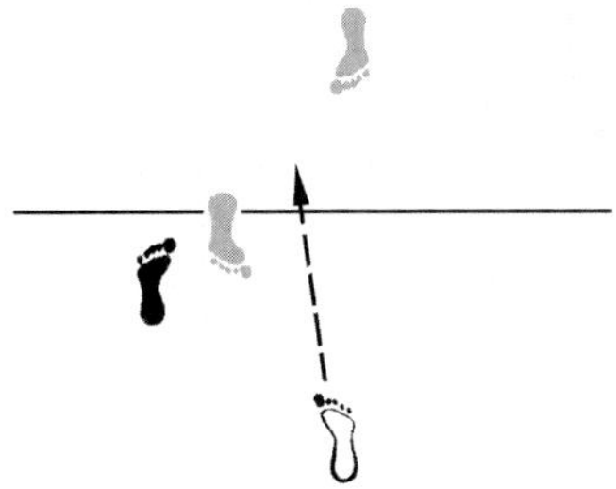

Nr. 6

- Ausweichbewegung diagonal nach rechts vorne in Reiterstellung.
- Abwehr mit der linken Handkante von innen nach außen.
- Die rechte Hand macht gleichzeitig einen Handkantenschlag von außen nach innen zur linken Halsseite.

Kima Sangdan Sudo Yop Makki und Sangdan Sudo Anuro Taerigi

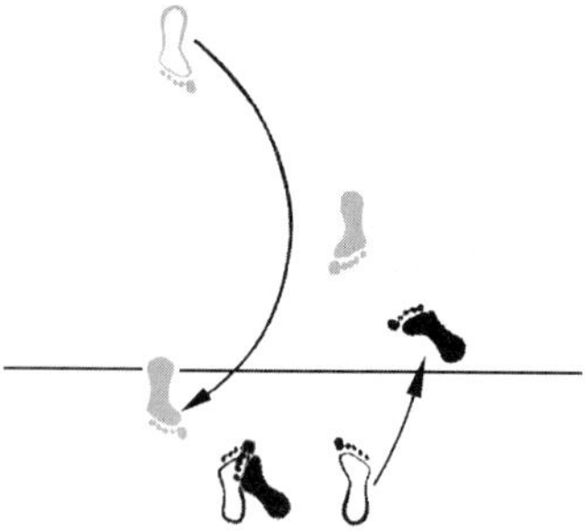

- Umsetzen in Schrittstellung durch Strecken des rechten Beins.
- Der rechte Arm holt zum Handkantenschlag aus.
- Die linke Hand greift den Angriffsarm.

Chongul Sogi

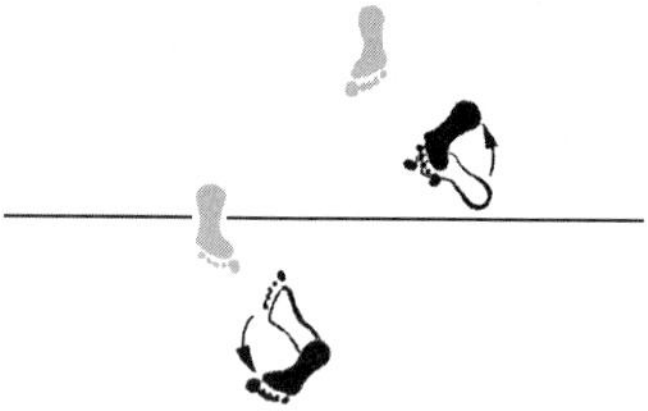

- Die linke Hand zieht den Gegner am Arm nach vorne.
- Die rechte Hand macht einen Handkantenschlag von innen nach außen zur rechten Halsseite.

Chongul Sangdan Sudo Yop Taerigi

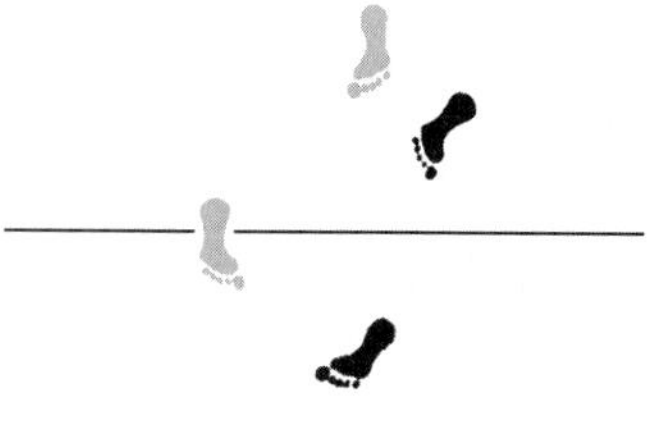

Nr. 7

- Ausweichbewegung nach rechts vorne in L-Stellung.
- Abwehr mit dem linken Unterarm von innen nach außen.
- Der rechte Arm macht gleichzeitig einen Ellenbogenschlag von außen nach innen zur Schläfe.

Hugul Sangdan Pakkat
Palmok Yop Makki
und Sangdan Palkup
Anuro Taerigi

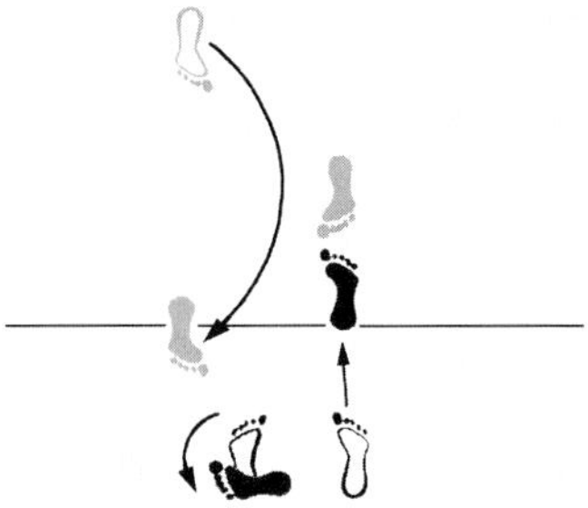

- Umsetzen in Schrittstellung durch Strecken des rechten Beins.
- Die linke Hand greift den Angriffsarm und zieht den Gegner nach vorne.
- Der rechte Arm macht gleichzeitig einen Ellenbogenstoß zur Halsseite.

Chongul Sangdan
Palkup Yop Taerigi

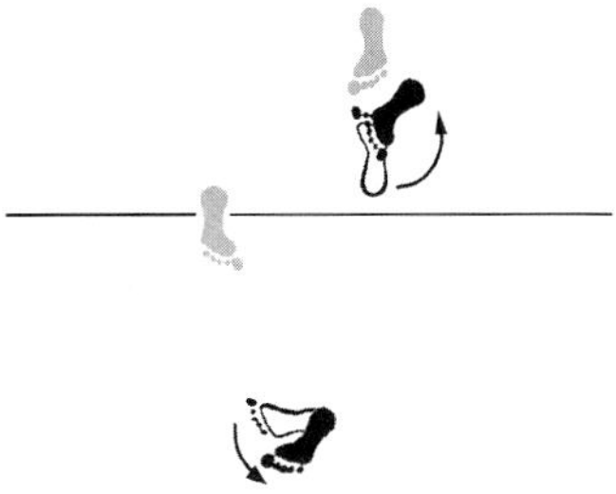

Nr. 8

- Ausweichen nach links hinten in L-Stellung.
- Abwehr mit dem rechten Unterarm von außen nach innen.

Hugul Sangdan Pakkat
Palmok Anuro Makki

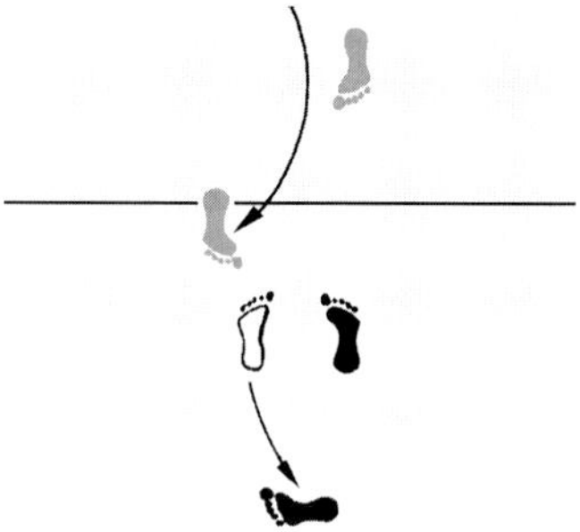

- Umsetzen in Schrittstellung durch Verlängern nach vorne (Hüfteinsatz).
- Der linke Arm macht einen Aufwärtsschlag mit dem Ellenbogen unter das Kinn.

Chongul Sangdan
Yt Palkup Taerigi

a) - Umsetzen in Reiterstellung durch Absenken des Schwerpunkts.
   - Der rechte Arm macht einen Ellenbogenschlag von außen nach innen zur Schläfe.

Kima Sangdan
Nopun Palkup Taerigi

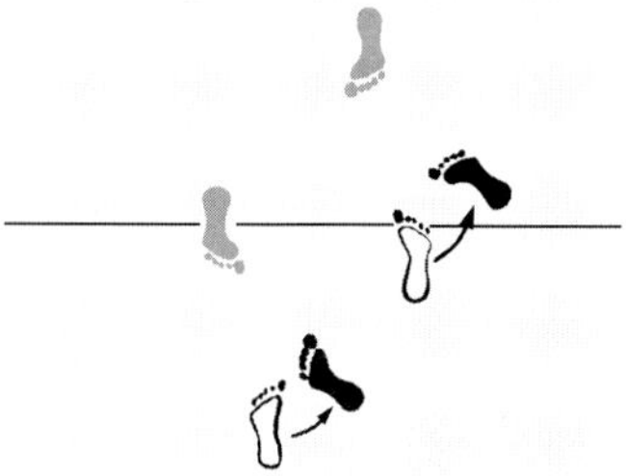

b) - Umsetzen in gegenläufige Schrittstellung durch Hüftdrehung.
- Der rechte Arm macht einen Ellenbogenschlag von außen nach innen zur Schläfe.

Chongul Sangdan
Nopun Palkup Taerigi

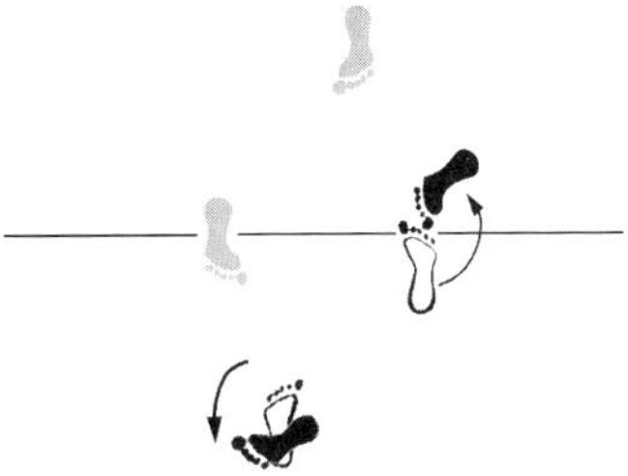

Nr. 9

- Ausweichen nach links hinten in L-Stellung.
- Abwehr mit dem rechten Unterarm von außen nach innen.

Hugul Sangdan Pakkat
Palmok Anuro Makki

- Das rechte Bein gleitet nach vorne in Reiterstellung.
- Der rechte Arm macht einen Ellenbogenstoß seitlich zum Solarplexus.

Kima Chungdan Palkup
Yop Taerigi

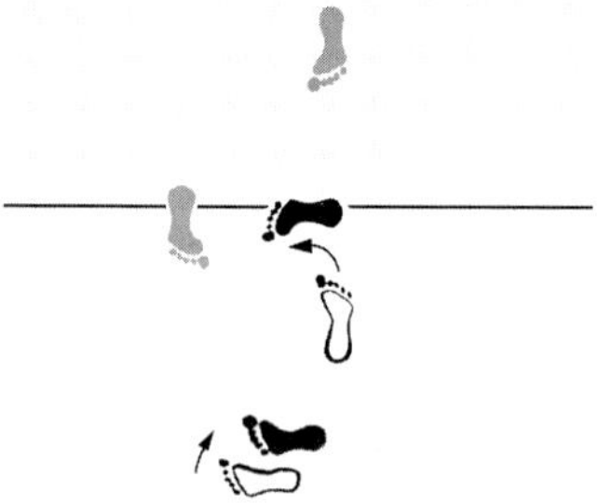

- Der rechter Arm macht ansatzlos einen Fausträckenschlag zur Nasenwurzel oder Schläfe.

Kima Sangdan
Rikwon Yop Taerigi

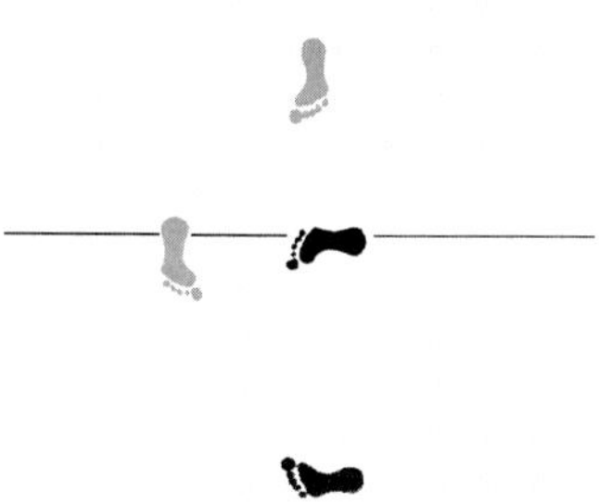

Nr. 10

- Ausweichen durch „Abtauchen“ nach vorne in Schrittstellung am vorderen Fuß des Gegners vorbei.
- Der linke Arm blockt den Angriff nach oben ab.

Chongul Chukyo Makki

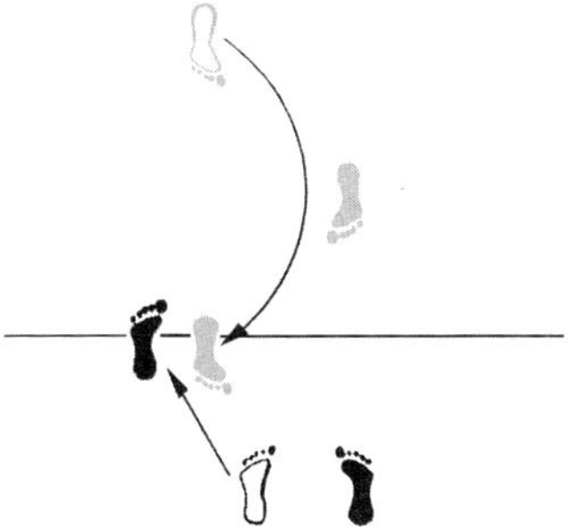

- Der rechte Ellenbogen macht einen Schlag mit Körpereinsatz seitlich nach vorne zum Solarplexus (Hüfte dabei etwas eindrehen).

Chongul Chungdan
Ap Palkup Taerigi

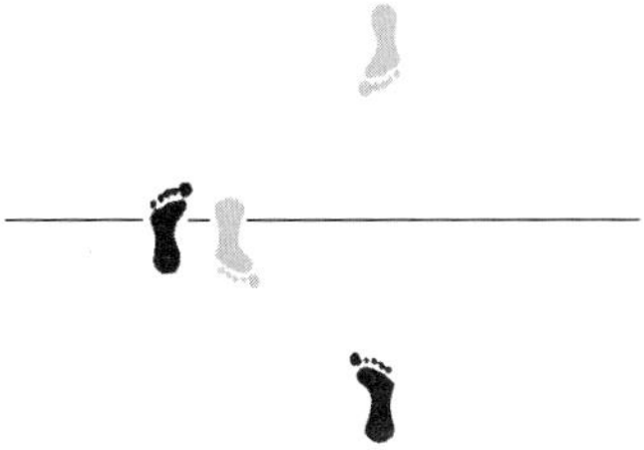

Nr. 11

- Ausweichbewegung nach rechts hinten in L-Stellung.
- Abwehr durch Handkantenschutzbock mit dem linken Arm.

Hugul Sangdan
Sudo Taebi Makki

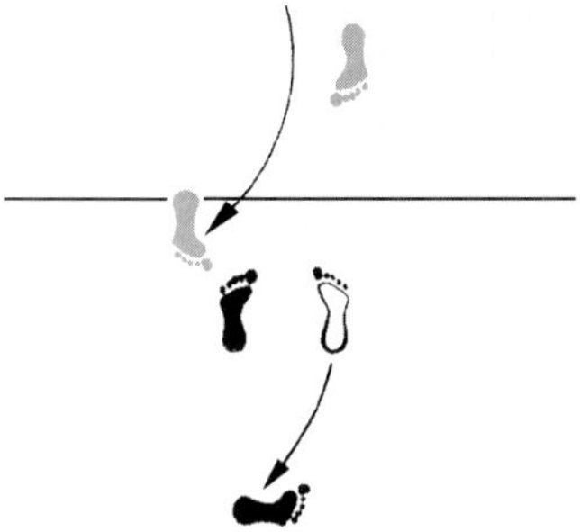

- Der linke Fuß setzt nach vorne in Schrittstellung um (Hüfteinsatz).
- Die linke Hand zieht den Gegner am Angriffsarm heran.
- Die rechte Hand macht einen Fingerspitzenstoß zu den Augen.

Chongul Sangdan
Pyongkwansu Tulki

- Das rechte Bein macht einen Rundkick zur Schläfe.

Sangdan Dolyo Chagi

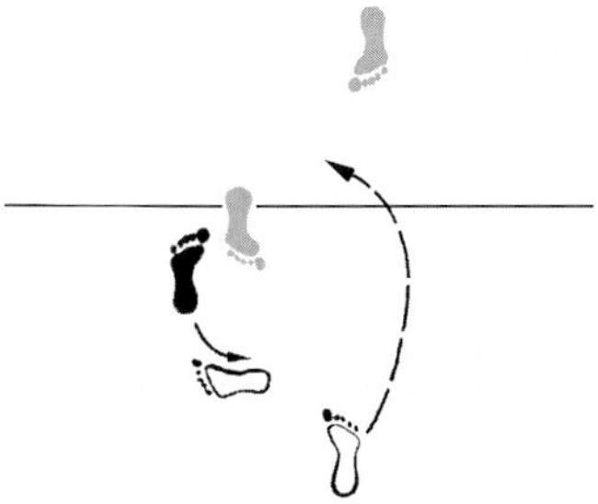

Nr. 12

- Ausweichen nach links vorne in Reiterstellung.
- Abwehr mit dem linken Unterarm von außen nach innen neben der Schulter. Der rechte Unterarm geht gleichzeitig als Gegenlager von innen zum Handgelenk.

Kima Sangdan Pakkat
Palmok Anuro Makki

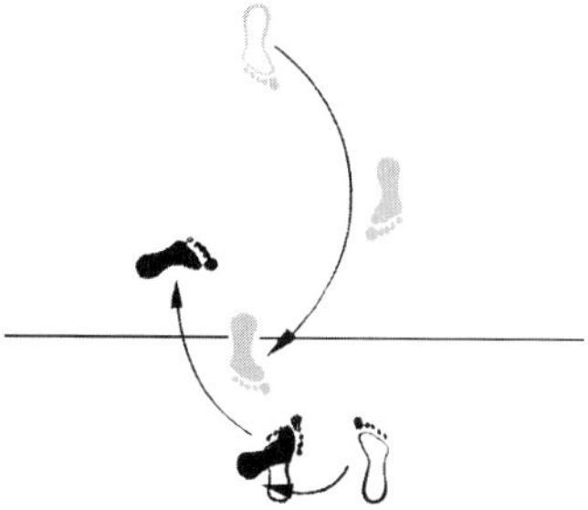

- Der Gegner wird durch Streckung des linken Arms, unter der Achsel nach vorne, am Angriffsarm nach unten gehebelt.
- Der rechte Arm klemmt das Handgelenk ein.
- Gewichtsverlagerung durch Umsetzen nach vorne in Schrittstellung.

Chongul Sogi

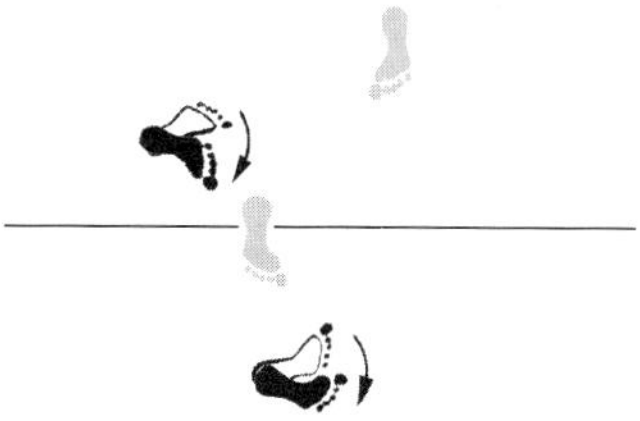

- Der linke Arm macht einen geraden Ellenbogenstoß nach unten auf die Wirbelsäule.

Chongul Sun Palkup
Naeryo Taerigi

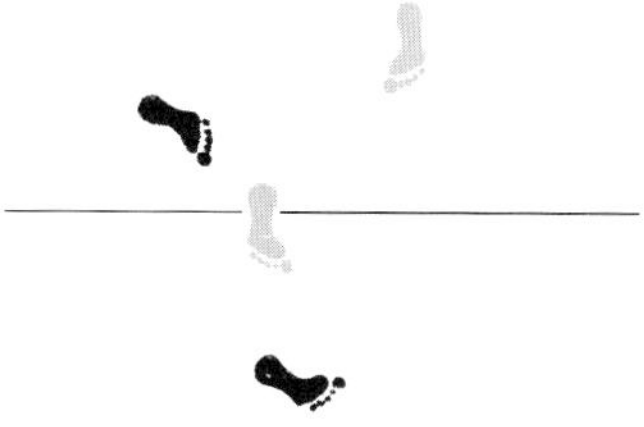

Nr. 13

- Ausweichbewegung nach links hinten in Schrittstellung.
- Abwehr mit Hakenblock der linken Hand.

Chongul Sangdan
Kolchyo Yop Makki

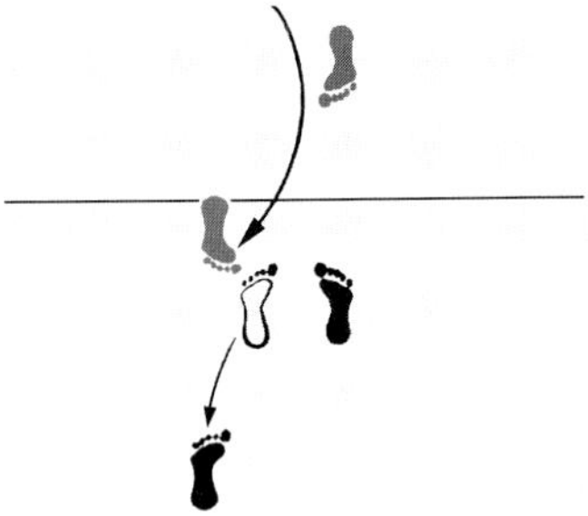

- Der linke Fuß wird zum rechten herangezogen.
- Die linke Hand führt in einer Kreisbewegung den Angriffsarm zu rechten Hand.
- Beide Hände fassen den Arm.

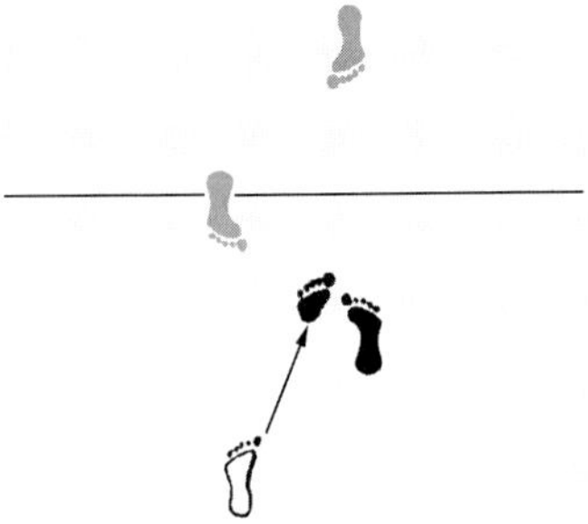

- Der linke Fuß setzt diagonal vor dem Gegner in Reiterstellung ab.
- Der Angriffsarm wird am Ellenbogengelenk auf der linken Schulter „gebrochen“ (Die Handfläche zeigt nach oben).

Kima Sogi

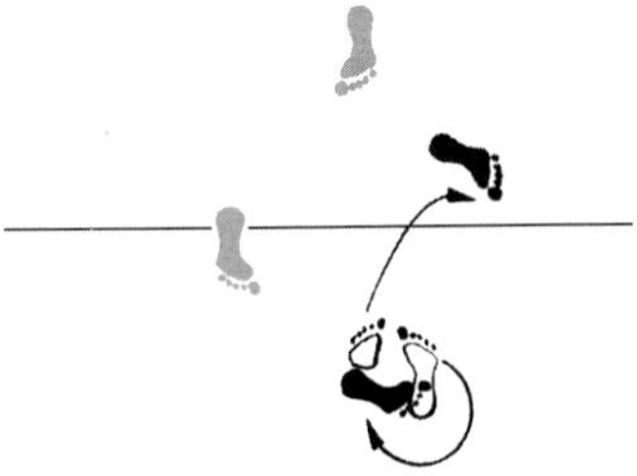

- Die rechte Hand hält den Arm weiter fest.
- Der linke Arm macht einen Ellenbogenstoß nach hinten zum Solarplexus.

Kima Palkup Dyt Tulki

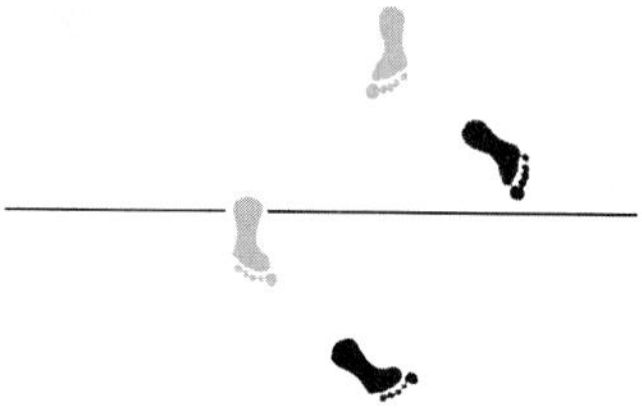

Nr. 14

- Ausweichbewegung diagonal nach links vorne in Reiterstellung.
- Abwehr mit der rechten Handkante von innen nach außen.

Kima Sangdan
Sudo Yop Makki

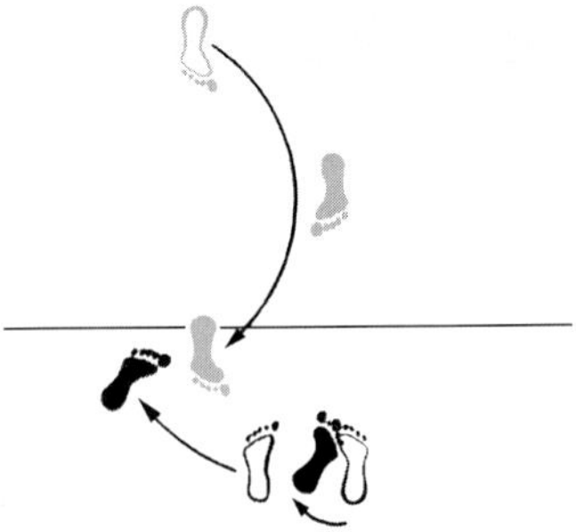

- Die linke Hand macht einen Handballenstoß auf das Ellenbogengelenk des Angriffsarms.
- Bewegung 1 und 2 werden fließend hintereinander ausgeführt.

Kima Sangdan
Changgwon Makki

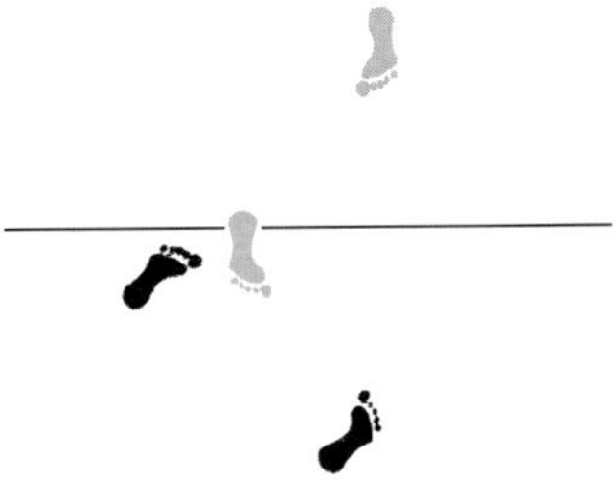

- Fauststoß mit der rechten Faust zu den kurzen Rippen.

Kima Chungdan Chirugi

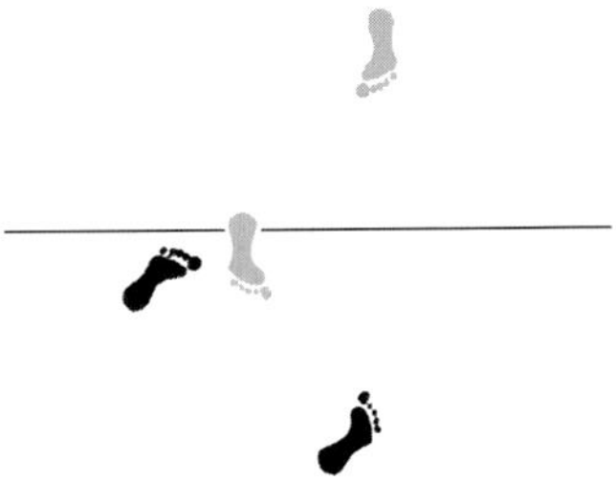

- Fauststoß mit der linken Faust zu den kurzen Rippen.

Kima Chungdan Chirugi

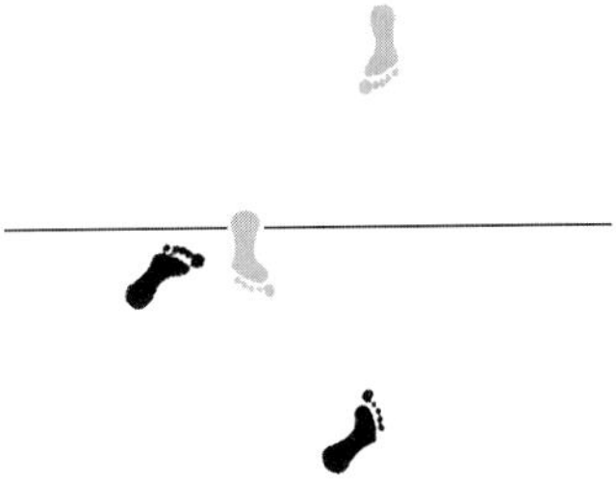

- Umsetzen mit Hüftdrehung nach links vorne in Schrittstellung.
- Schlag mit der rechten Innenhandkante zum Solarplexus.

Chongul Chungdan
Yok Sudo Taerigi

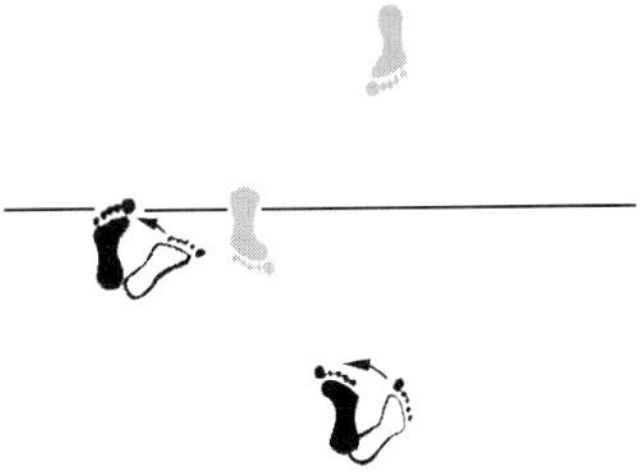

Nr. 15

- Das linke Bein wird zur Katzenstellung herangezogen (Gewichtsverlagerung auf das rechte Bein).
- Beide Arme holen zum Handkantenschlag aus.

Dytba Sogi

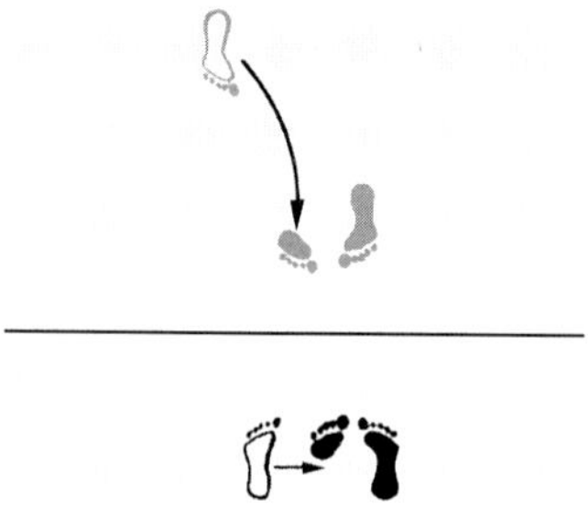

- Ausweichen durch Drehung um 180° auf dem rechten Fuß in Reiterstellung.
- Der rechte Arm macht einen Handkantenschlag zum Hals.

Kima Sangdan
Sudo Yop Taerigi

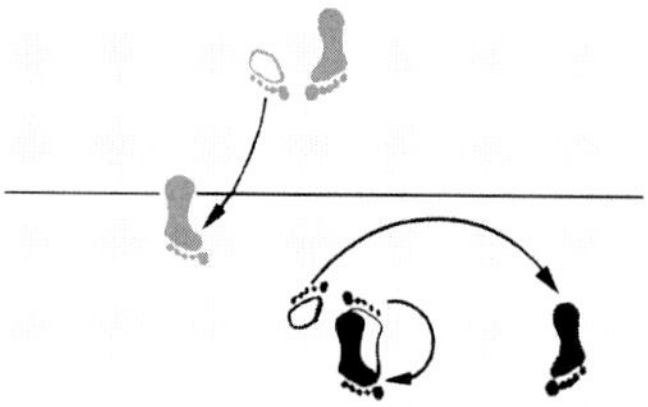

a) - Der linke Fuß setzt rechts am Gegner vorbei in Reiterstellung um.
- Die linke Hand macht einen Fauststoß zur Schläfe.

Kima Sangdan Chirugi

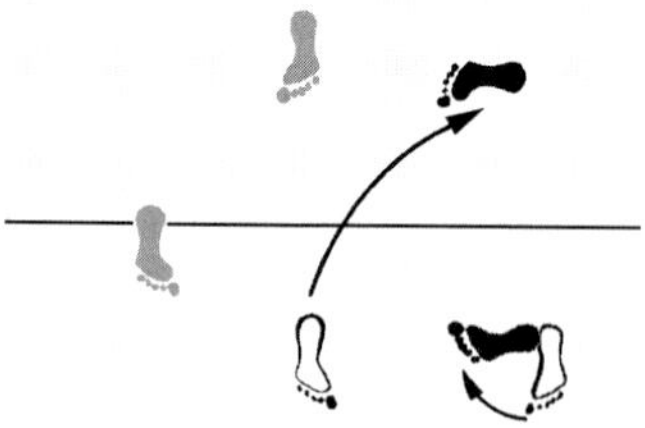

b) - Der linke Fuß setzt rechts am Gegner vorbei in Schrittstellung um.
- Die linke Hand macht einen Fauststoß zur Schläfe.

Chongul Sangdan
Pandae Chirugi

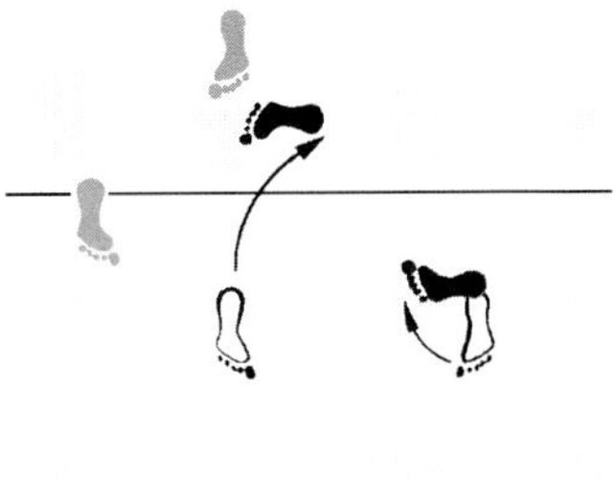

a) - Das linke Bein macht ansatzlos einen Rundkick zum Solarplexus.
b) - Der rechte Fuß wird zum linken Fuß herangezogen.
- Das linke Bein macht einen Rundkick zum Solarplexus.

Chungdan Dolyo Chagi

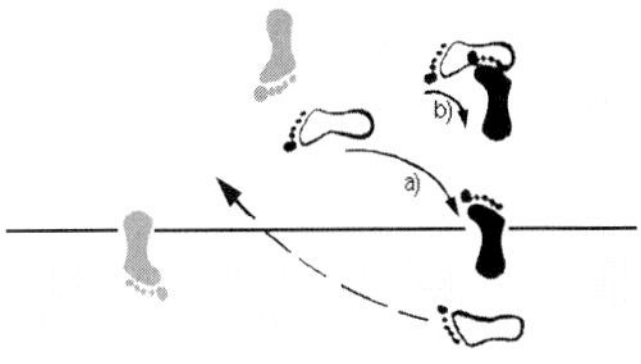

Nr. 16

- Ausweichen nach rechts hinten in L-Stellung.
- Abwehr mit dem linkem Unterarm zur Seite.

Hugul Sangdan
An Palmok Makki

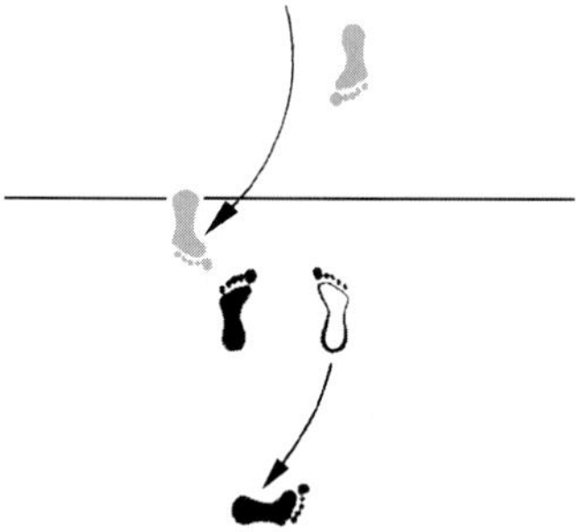

- Umsetzen mit dem linken Fuß nach vorne in Schrittstellung.
- Die rechte Hand macht einen umgekehrten Fingerspitzenstoß zur Blasengegend oder den Genitalien.
- Die linke Hand wird zur rechten Schulter zurückgezogen.

Chongul Hadan
Pyonggwansu Tulki

- Ohne Stellungswechsel macht die linke Hand einen Handkantenschlag zum Hals.

Chongul Sangdan
Sudo Pakuro Taerigi

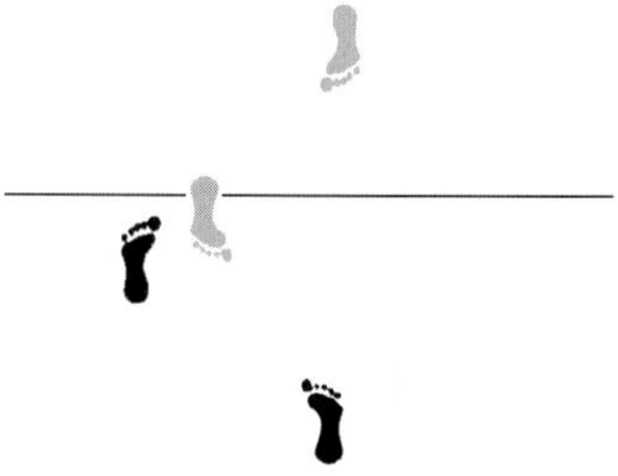

- Die rechte Hand macht einen Fauststoß zum Solarplexus.

Chongul Chungdan
Pandae Chirugi

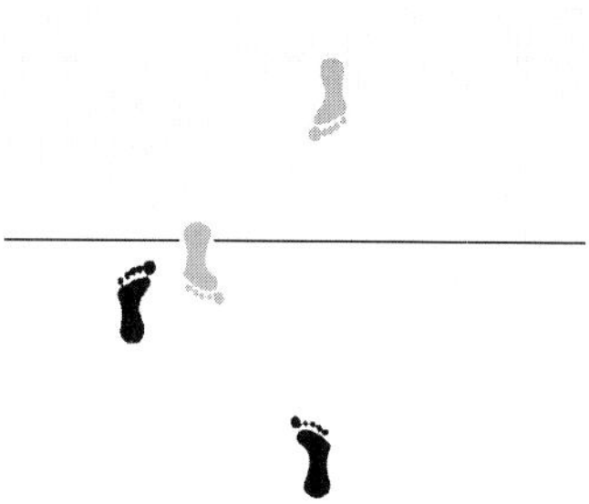

Nr. 17

- Ausweichen nach rechts hinten in L-Stellung.
- Abwehr mit Unterarmschutzblock.

Hugul Pakkat
Palmok Taebbi Makki

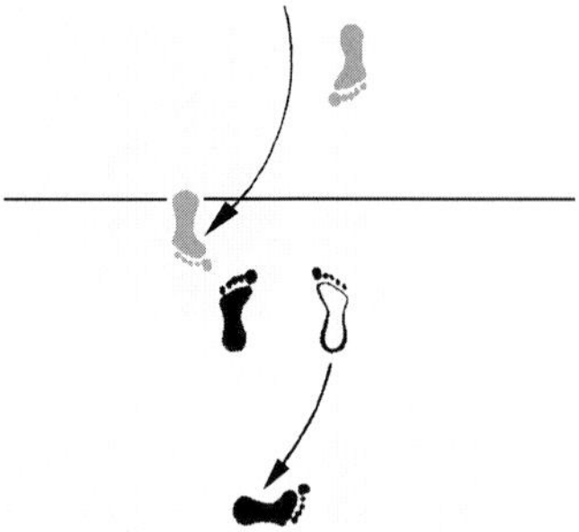

- Umsetzen nach vorne in Schrittstellung durch Strecken des rechten Beins.
- Beide Hände machen einen doppelten Fauststoß zum Kiefer.

Chongul Sangdan Ssang
Kwon Sewo Chirugi

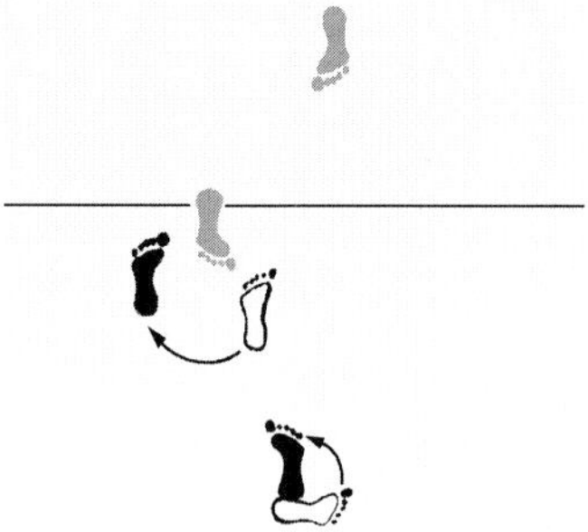

- Ohne Stellungswechsel machen beide Hände einen doppelten umgekehrten Fauststoß in die Magengegend.

Chongul Chungdan Ssang
Kwon Tyjibo Chirugi

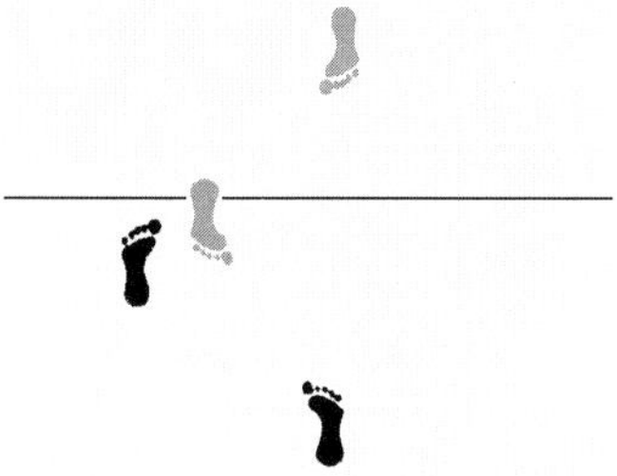

- Im Sprung nach hinten macht das rechte Bein einen Vorwärtstritt zum Kinn.

Tymio Ap Chagi

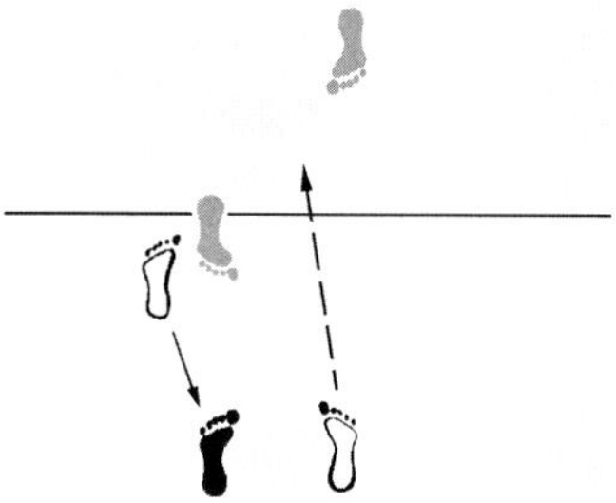

Nr. 18

- Ausweichen diagonal nach links vorne in Schrittstellung.
- Abwehr mit Hakenblock der rechten Hand.

Chongul Sangdan
Kolchyo Makki

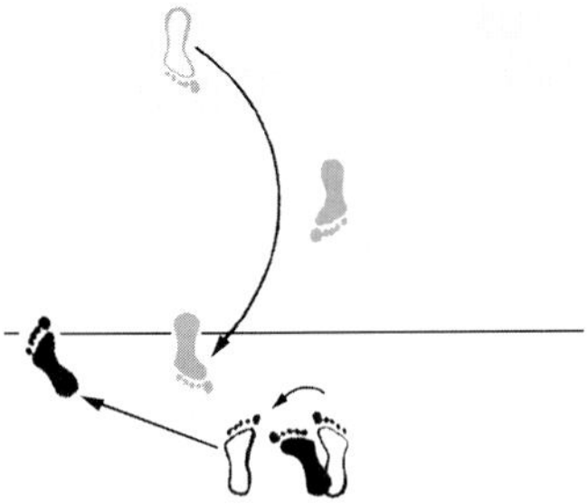

- Die rechte Hand greift den Angriffsarm.
- Das rechte Bein macht einen gewundenen Tritt zu den kurzen Rippen.

Chungdan Pituro Chagi

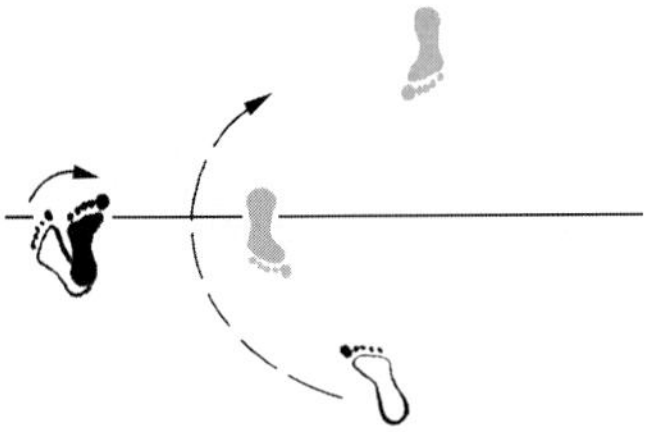

- Das rechte Bein setzt vorne am Gegner vorbei ab.
- Drehung über den Rücken in L-Stellung.
- Die rechte Hand drückt den Angriffsarm nach unten.

Hugul Sogi

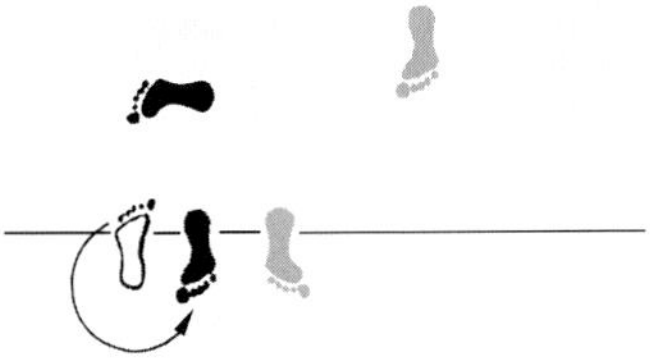

- Das linke Bein macht ansatzlos einen Peitschenkick zum Solarplexus.

Chungdan Pandae Chagi

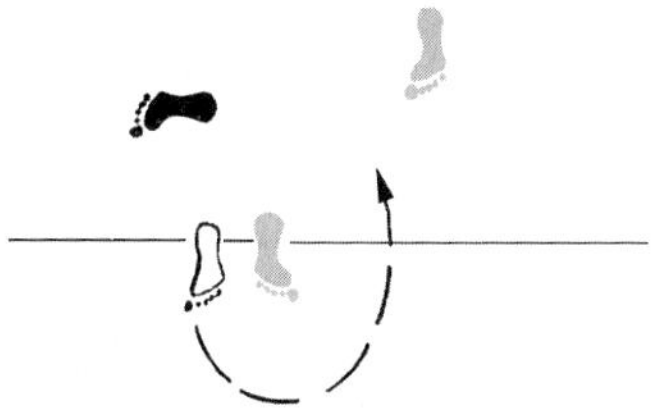

- Das linke Bein setzt am Standbein ab.
- Drehung über den Rücken.

Moa Sogi

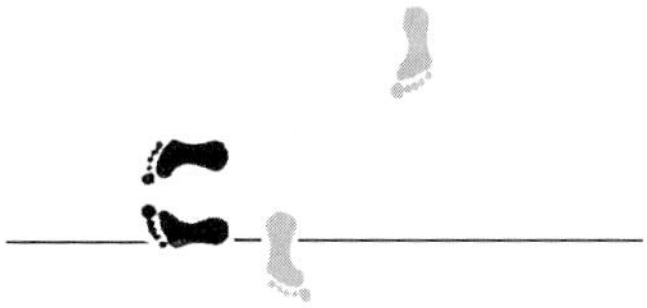

- Das rechte Bein macht ansatzlos einen Axtkick von innen nach außen auf die Wirbelsäule oder ins Genick.

Pakuro Naeryo Chagi

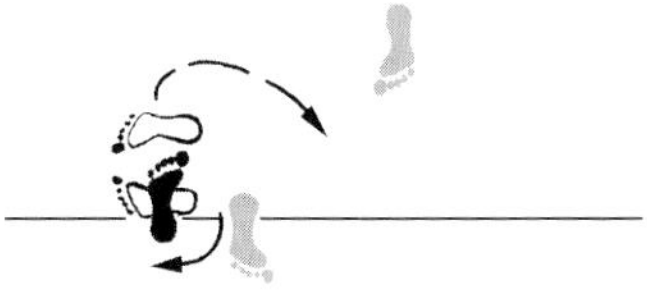

Nr. 19

- Ausweichbewegung nach rechts hinten in L-Stellung
- Abwehr mit der linken Innenhandkante zur Seite

Hugul Sangdan
Yok Sudo Yop Makki

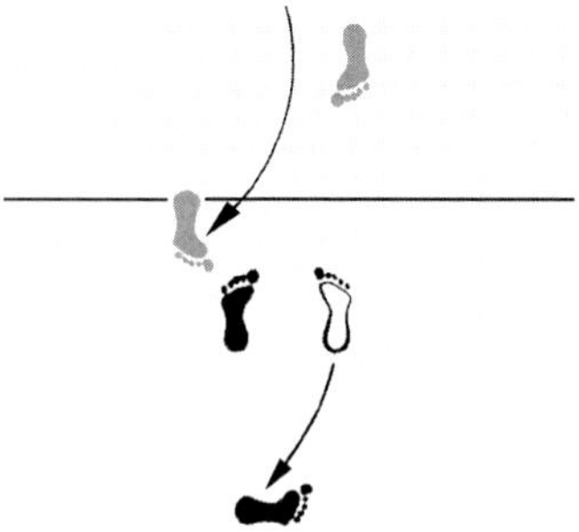

- Das linke Bein macht ansatzlos einen Vorwärtstritt in die Magengegend

Chungdan Ap Chagi

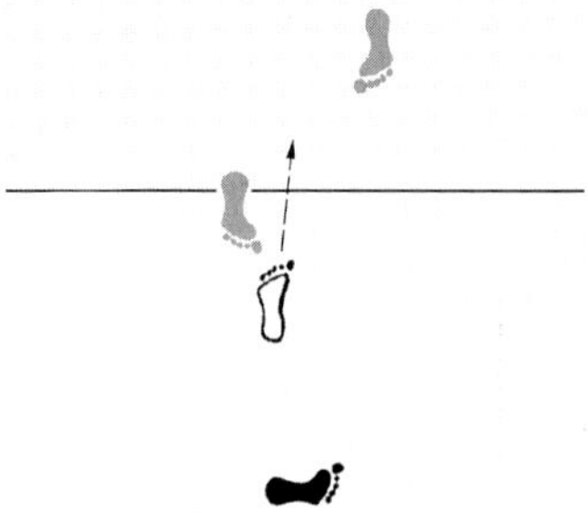

- Das linke Bein setzt vorne in Schrittstellung ab
- Der rechter Arm macht einen Aufwärtsschlag mit dem Ellenbogen unters Kinn

Chongul Sangdan
Yt Palkup Taerigi

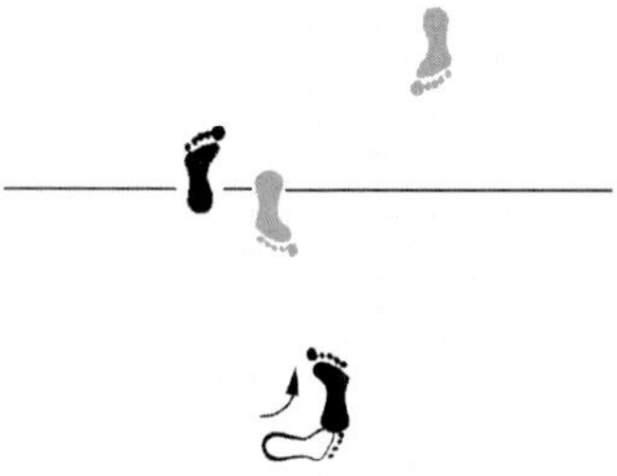

- Die linke Hand macht einen Halbkreisfauststoß zur Schläfe

Chongul Sangdan
Dolyo Chirugi

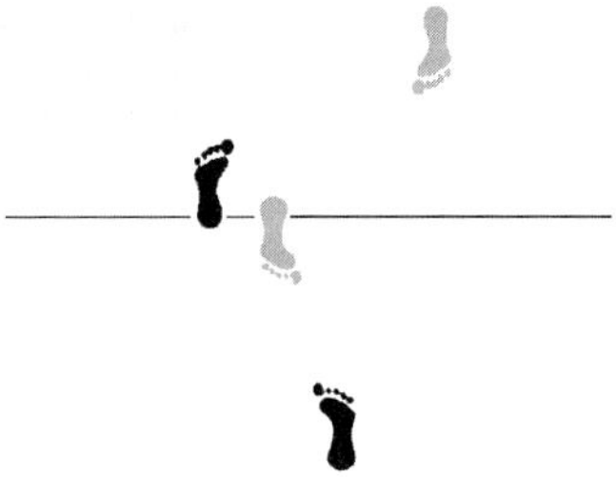

Nr. 20

- Ausweichen nach rechts hinten in Schrittstellung.
- Abwehr mit der linken Hand (hakenförmig) von außen nach innen.
- Gleichzeitig macht die rechte Hand einen Fingerspitzenstoß zum Solarplexus.

Chongul Sangdan
Kolchyo Anuro Makki
und Chungdan
Chongkwansu Tulki

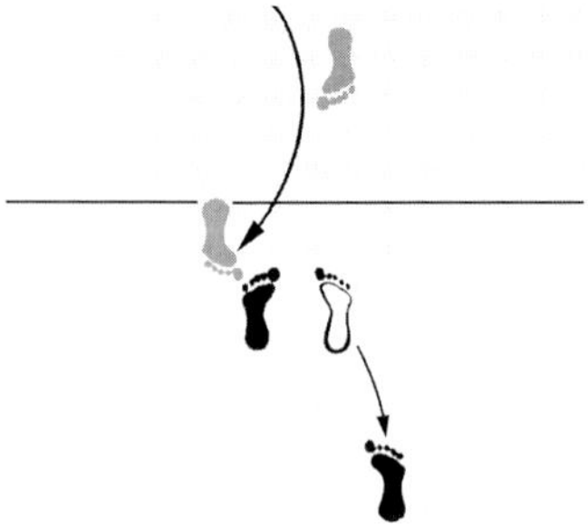

- Das rechte Bein macht einen tiefen Vorwärtstritt zu den Genitalien.

Hadan Ap Chagi

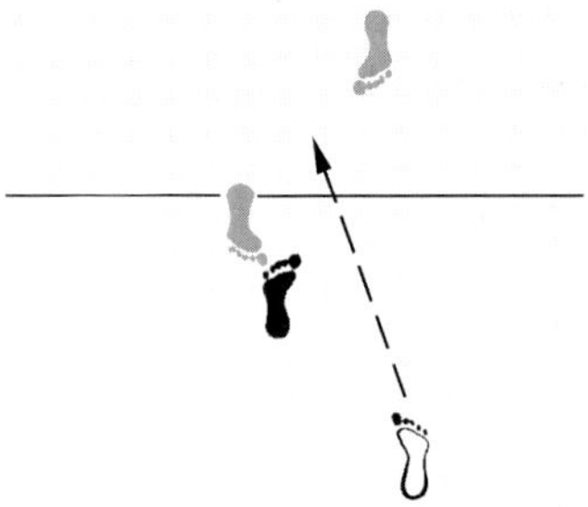

- Im Vorbeigehen links am Gegner, macht der linke Arm einen Schlag mit dem Ellenbogen von außen nach innen zum Kinn.

Sangdan Nopun
Palkup Taerigi

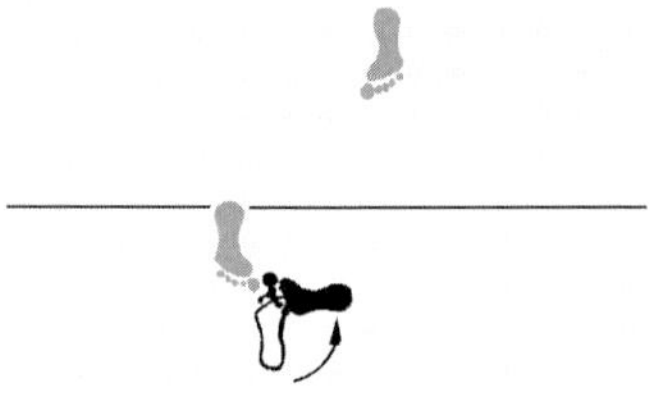

- Das rechte Bein setzt vor dem Gegner in Reiterstellung ab.
- Der linke Arm macht einen Ellenbogenstoß nach hinten zum Solarplexus.
  Technik 3 und 4 werden in einer Bewegung ausgeführt!

Kima Chungdan
Palkup Dyt Tulki

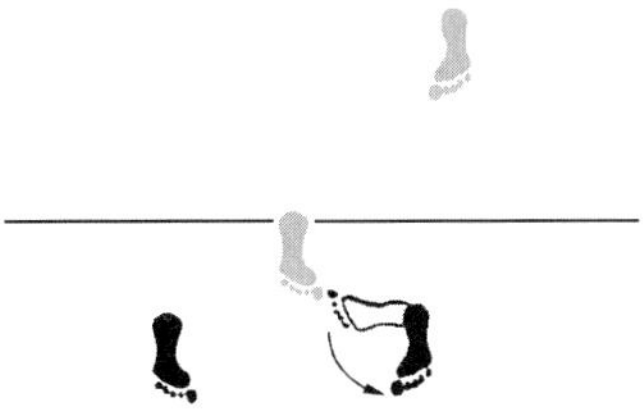

Nr. 21

- Ausweichbewegung rechts zurück in Schrittstellung.
- Abwehr mit gekreuzten Handkanten nach oben (rechter Arm oben).

Chongul Sudo Kyocha
Chukyo Makki

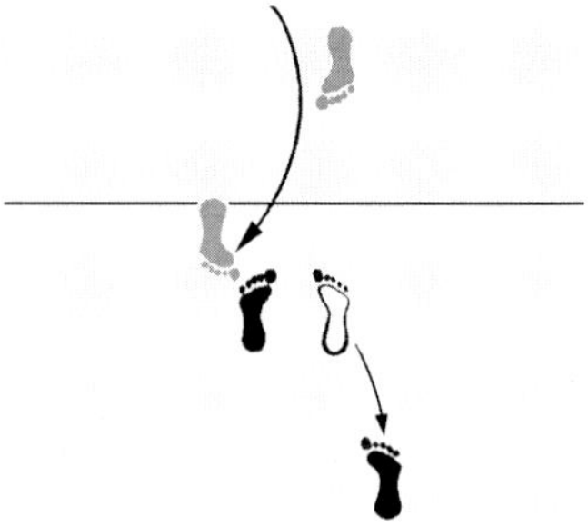

- Die offenen Handflächen drehen gegen den Uhrzeigersinn und greifen den Angriffsarm.

- Umsetzen nach hinten in L-Stellung durch Gewichtsverlagerung.
- Der Gegner wird am Angriffsarm nach vorne gezogen.

Hugul Sogi

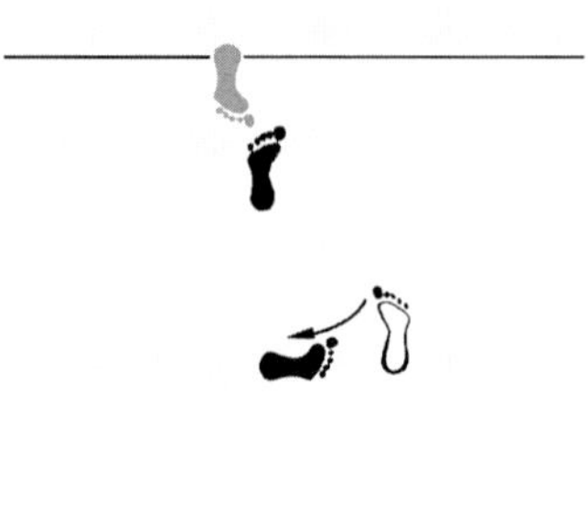

- Das rechte Bein macht einen geraden Kniestoß in die Magengegend.

Chungdan Murup
Ap Chagi

- Das rechte Bein setzt vorne in Schrittstellung ab.
- Der linke Arm macht einen geraden Ellenbogenstoß nach unten auf die Wirbelsäule.

Chongul Sun Palkup
Naeryo Taerigi

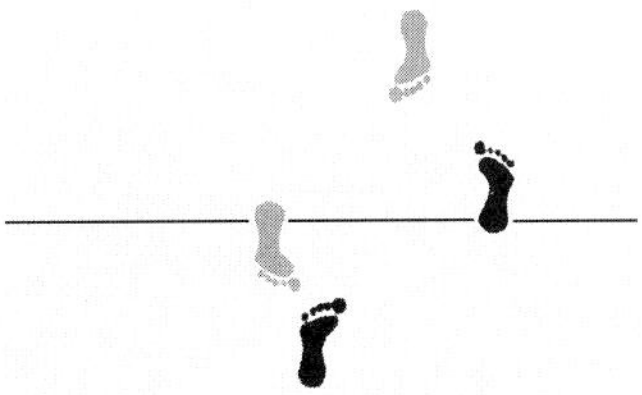

Nr. 22

- Ausweichen nach links hinten in L-Stellung.
- Abwehr mit dem rechten Handballen nach innen.

Hugul Sangdan
Changgwon Anuro Makki

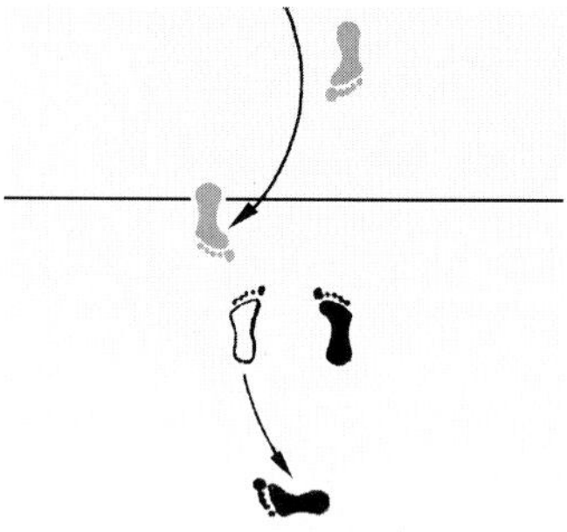

- Die rechte Hand greift den Angriffsarm.
- Das rechte Bein macht ansatzlos einen Rundkick zum Solarplexus.

Chungdan Dolyo Chagi

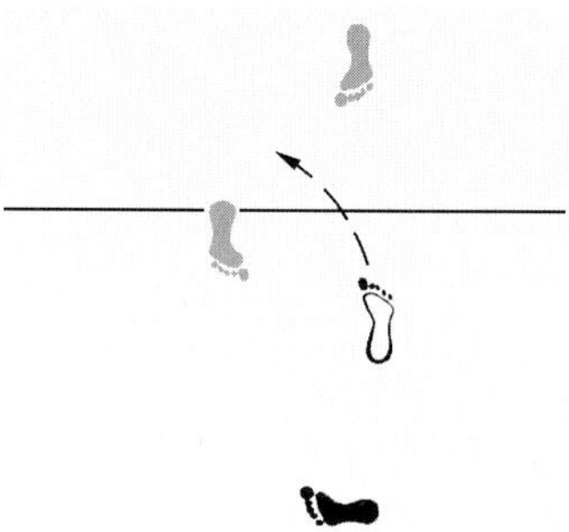

- Das rechte Bein setzt vorne in Schrittstellung ab.
- Die linke Hand greift ebenfalls den Angriffsarm am Handgelenk.

Chongul Sogi

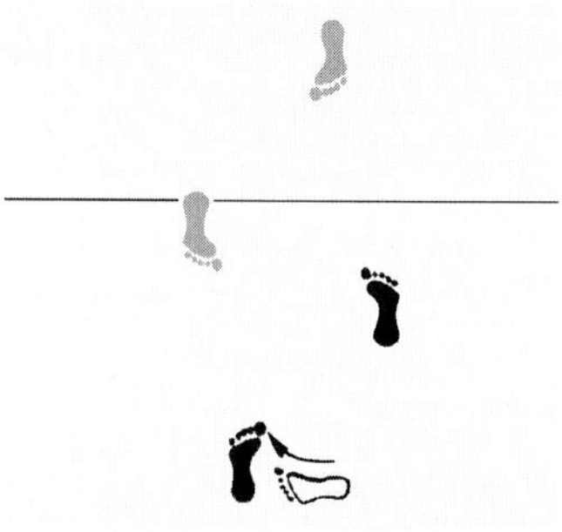

- Der Gegner wird durch Zug am Angriffsarm nach unten gebeugt.
- Das linke Bein macht einen Axtkick von außen nach innen auf die Wirbelsäule.

Anuro Naeryo Chagi

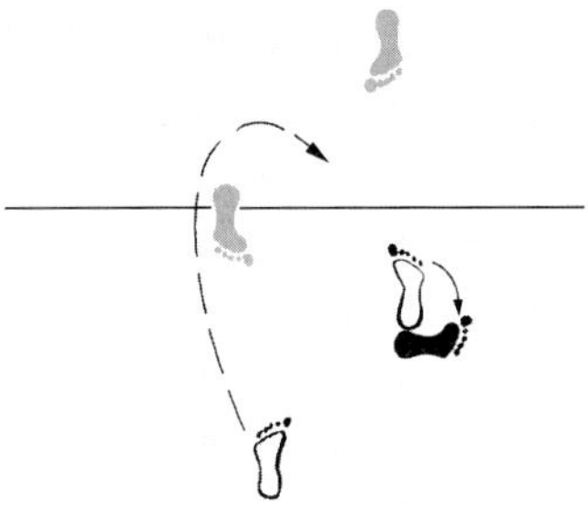

- Das linke Bein setzt über der Schulter in Reiterstellung ab, so daß der Angriffsarm in der linken Kniekehle am Ellenbogengelenk gehebelt wird.

Kima Sogi

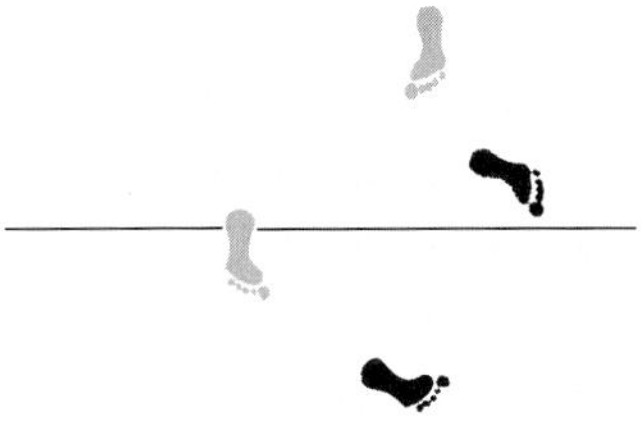

Nr. 23

- Ausweichen mit dem linken Fuß nach hinten.
- Das rechte Bein macht eine Abwehr mit der Fußinnenseite von außen nach innen.

Sangdan An Bandal Chagi

- Ohne das Bein abzusetzen macht das rechte Bein einen Seitwärtstritt zum Kiefer.

Sangdan Yop Chagi

- Das rechte Bein kniet in Blickrichtung des Gegners ab.
- Das linke Bein bleibt aufgestellt.
- Beide Hände gehen zum Boden.

- Das linke Bein macht aus dem Vier-Füßlerstand einen rückwärtigen Tritt zum Solarplexus.

Chungdan Dyt Chagi

- Das linke Bein kniet nun ab, während sich das rechte Bein aufstellt.
- Der Oberkörper dreht über den Rücken zurück.

- Im Aufstehen macht das rechte Bein einen Axtkick von außen nach innen ins Genick.

Sangdan Naeryo Chagi

Nr. 24

- Ausweichbewegung nach links vorne in Schrittstellung.
- Abwehr mit dem linken Unterarm von außen nach innen.

Chongul Sangdan Pakkat
Palmok Anuro Makki

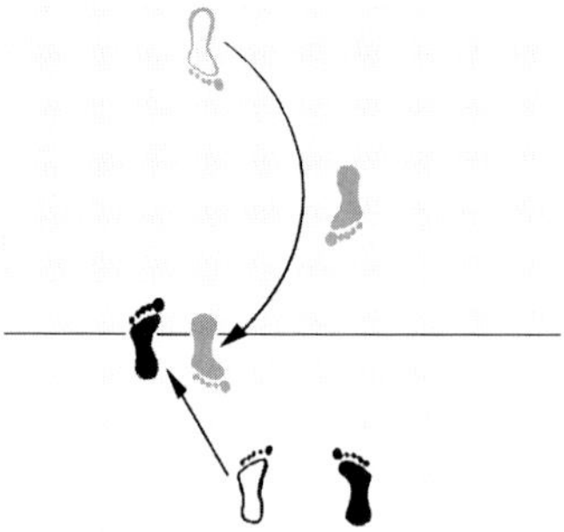

- Die linke Hand drückt den Angriffsarm nach unten weg.
- Die rechte Hand macht einen Hakenschlag ins Genick.

Chongul Sangdan
Kolchyo Pakuro Taerigi

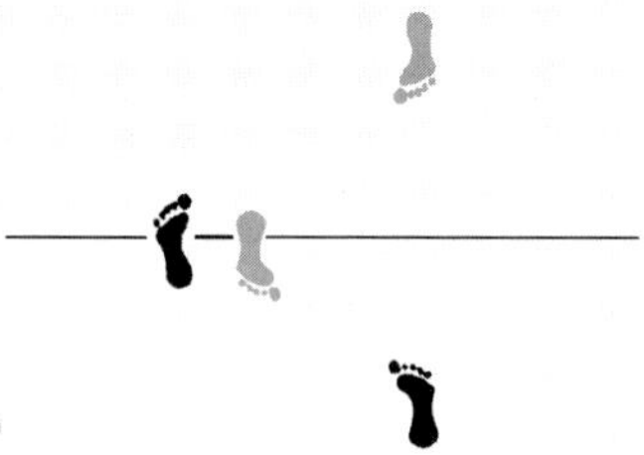

- Die rechte Hand bleibt am Genick und zieht den Gegner herunter.
- Das rechte Bein macht einen runden Kniestoß zum Solarplexus.

Chungdan
Murup Dolyo Chagi

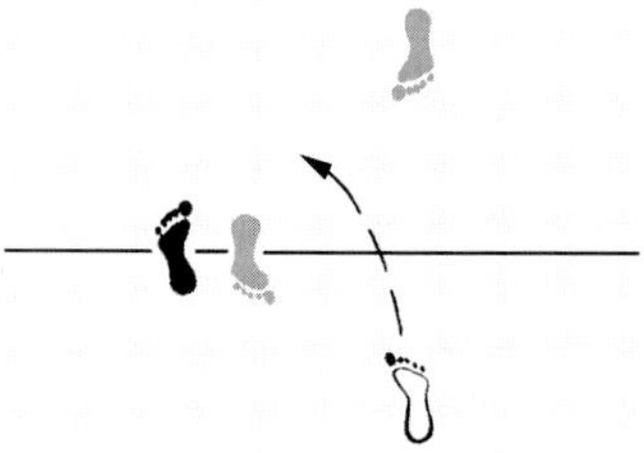

- Das rechte Bein setzt in gegenläufiger Schrittstellung ab.
- Der linke Arm macht einen geraden Ellenbogenstoß nach unten auf die Wirbelsäule.

Chongul Sun Palkup
Naeryo Taerigii

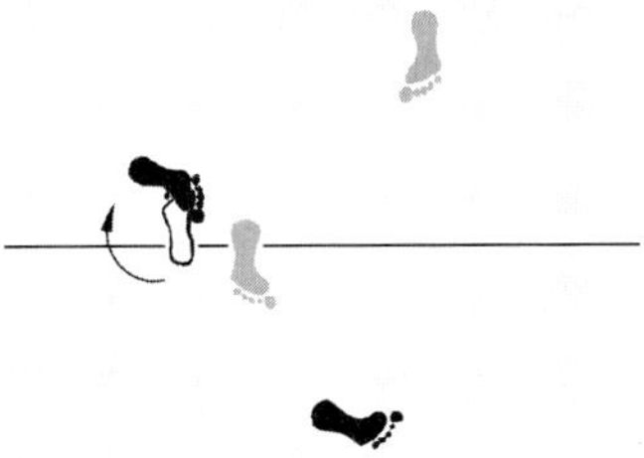

Nr. 25

- Ausweichen nach rechts hinten in Schrittstellung.
- Abwehr durch Obenblock mit dem linken Arm.

Chongul Chukyo Makki

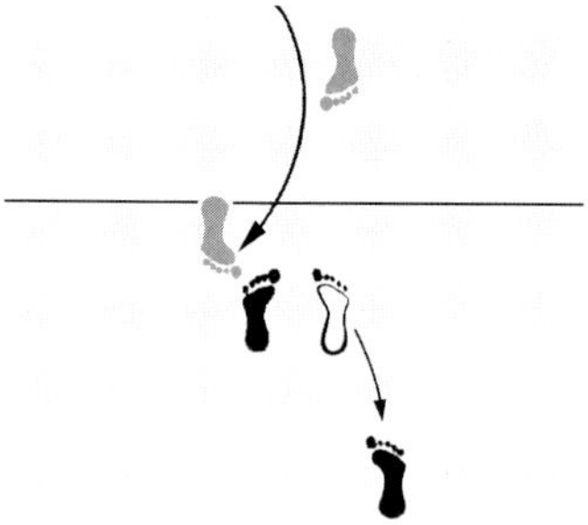

- Der rechte Fuß wird zum linken herangezogen.
- Die rechte Hand geht unter dem Arngriffsarm hindurch und greift diesen auf der Rückseite.

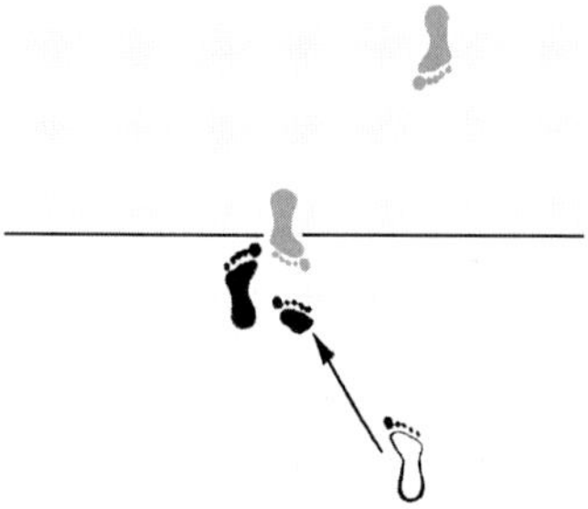

- Das rechte Bein setzt am Gegner vorbei (unter dem Angriffsarm hindurch) ab.
- Drehung über den Rücken in L-Stellung.

Hugul Sogi

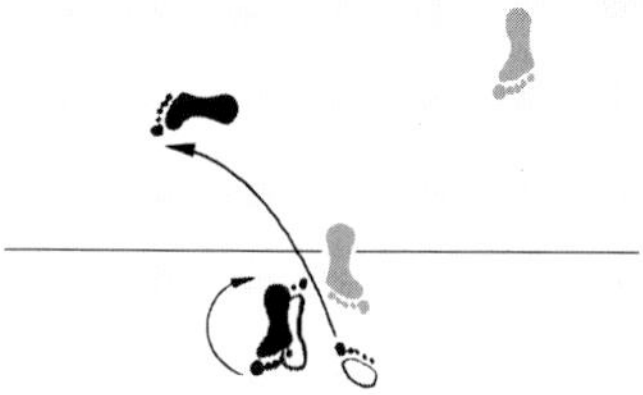

- Das linke Bein setzt hinter dem Gegner um.
- Beide Hände führen den Angriffsarm auf den Rücken des Gegners in den sogenannten „Polizeigriff“.

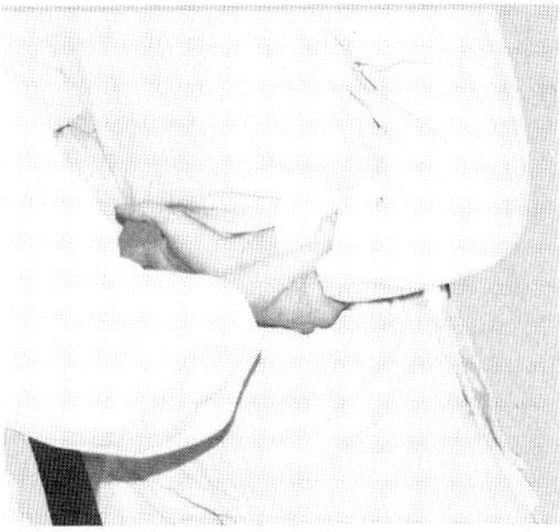

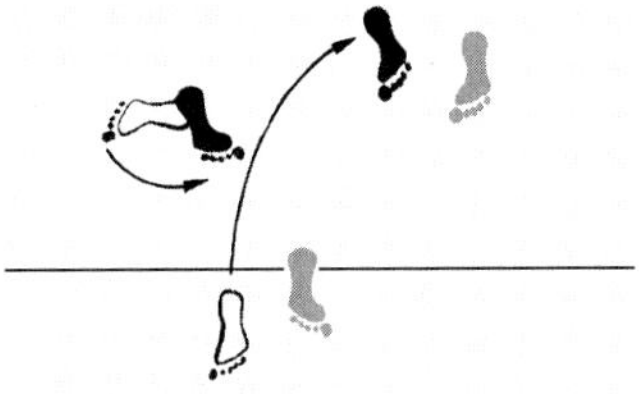

- Die rechte Hand fixiert den Angriffsarm weiter auf dem Rücken.
- Die linke Hand greift von hinten um den Kopf.
- Der rechte Fuß drückt mit der Innenseite in die rechte Kniekehle des Gegners.

Hadan Noollo Chagi

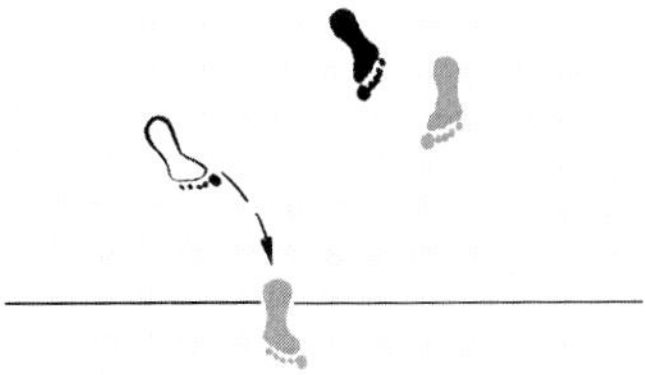

Nr. 26

- Ausweichen nach links vorne in L-Stellung.
- Abwehr mit der rechten Handkante von innen nach außen.

Hugul Sangdan
Sudo Yop Makki

- Das linke Bein gleitet in Reiterstellung nach vorne.
- Die linke Hand macht einen Handballenstoß zum Ellenbogengelenk des Angriffsarms.

Kima Sangdan
Changgwon Chirugi

- Umsetzen in Schrittstellung durch Strecken des rechten Beins.
- Die rechte Hand macht einen Fauststoß zu den kurzen Rippen.

Chongul Chungdan
Pandae Chirugi

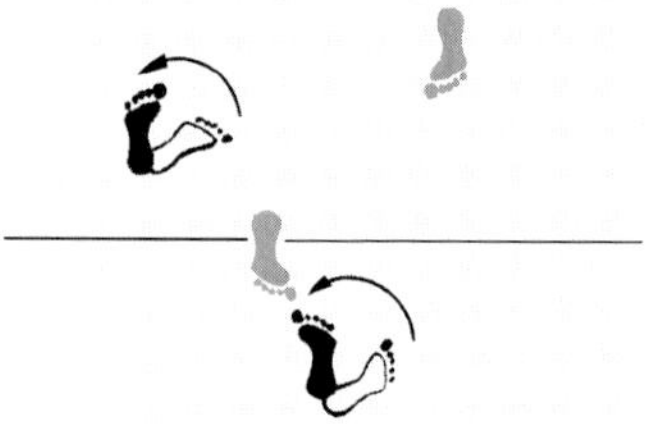

- Drehung um 180° auf dem linken Fuß - der rechte Fuß setzt am Gegner vorbei in Reiterstellung ab.
- Der linke Arm macht einen Ellenbogenstoß nach hinten zu den kurzen Rippen.

Kima Chungdan
Palkup Dyt Tulki

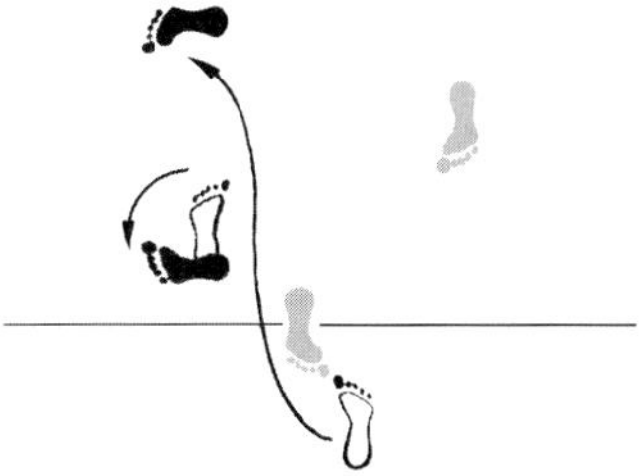

- Der rechte Fuß wird in L-Stellung zurückgezogen.
- Der rechte Ellenbogen macht einen Schlag von innen nach außen auf den Hinterkopf.

Hugul Sangdan
Palkup Yop Taerigi

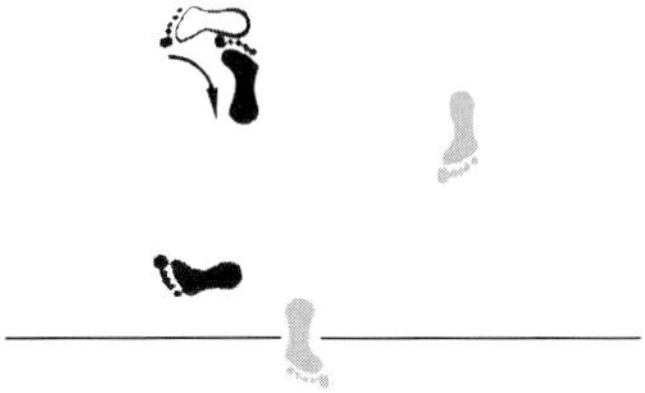

Nr. 27

- Abwehr nach links hinten in Reiterstellung.
- Der rechte Unterarm macht einen Block von außen nach innen.
- Die linke Hand geht zum Ellenbogen des rechten Arms.

Kima Sangdan
Pakkat Palmok An Makki

- Die linke Hand greift den Angriffsarm und zieht den Gegner nach vorne.
- Die rechte Hand macht einen Handkantenschlag zum Hals.

Kima Sangdan
Sudo Yop Taerigi

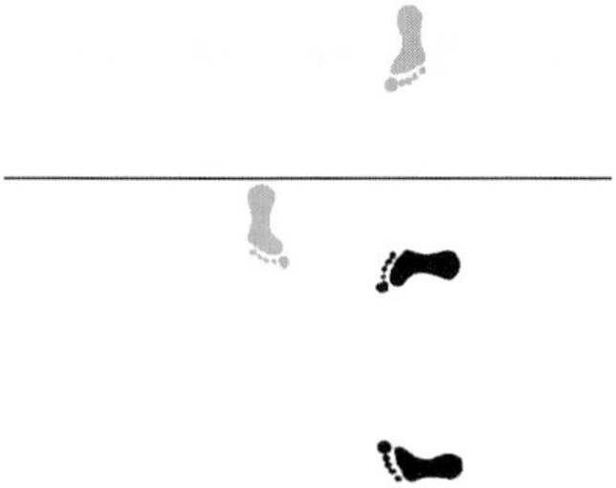

- Das rechte Bein wird nach hinten zum linken Bein gezogen.
- Das linke Bein macht einen Drehseitkick zum Solarplexus.

Chungdan
Tora Yop Chagi

- Während das linke Bein absetzt, macht das rechte Bein einen angesprungenen Rundkick zur Schläfe.

Sangdan
Tymyo Dolyo Chagi

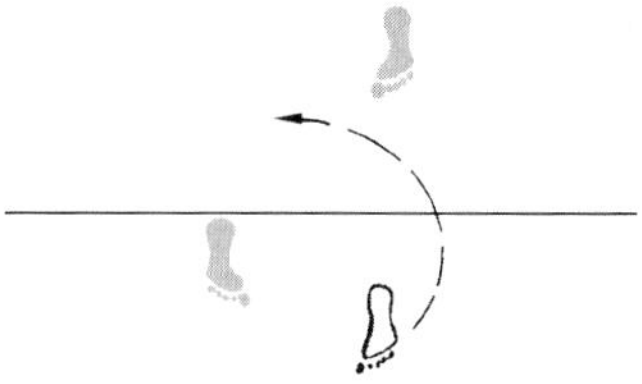

Nr. 28

- Ausweichen diagonal nach links vorne in Schrittstellung.
- Abwehr mit Hakenblock der rechten Hand.

Chongul Sangdan
Kolchyo Makki

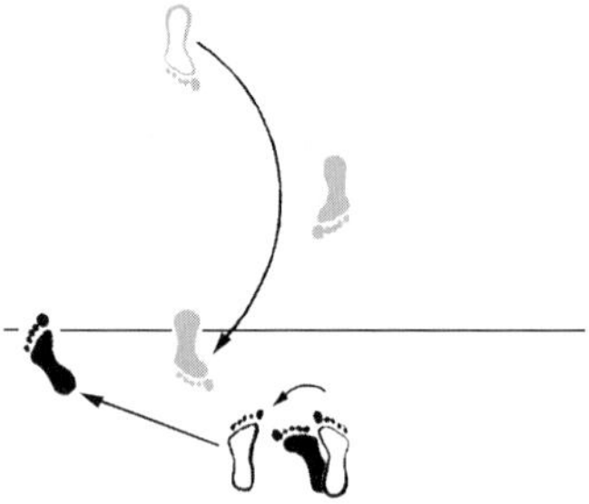

- Die rechte Hand greift den Angriffsarm.
- Das rechte Bein macht einen Rundkick zum Solarplexus.

Chungdan Dolyo Chagi

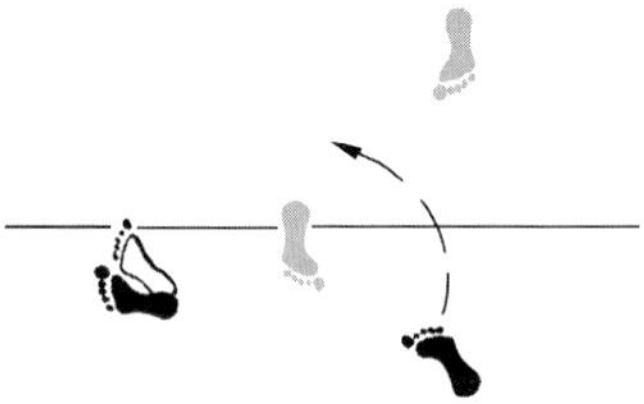

- Die rechte Hand zieht den Gegner am Angriffsarm nach vorne.
- Das rechte Bein macht ohne Abzusetzen einen Axtkick von innen nach außen ins Genick (Wirbelsäule).

Sangdan Naeryo Chagi

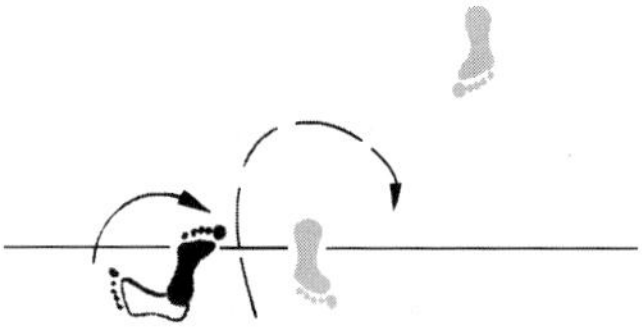

- Das rechte Bein setzt vor dem Gegner nach vorne in Schrittstellung ab.
- Die linke Hand macht einen Handkantenschlag von außen nach innen (unten) ins Genick.

Chongul Sangdan
Sudo Anuro Makki

Nr. 29

- Ausweichen durch 90°-Drehung auf dem linken Fuß nach hinten in L-Stellung.
- Abwehr mit dem linken Handballen.

Hugul Sangdan
Changgwon Makki

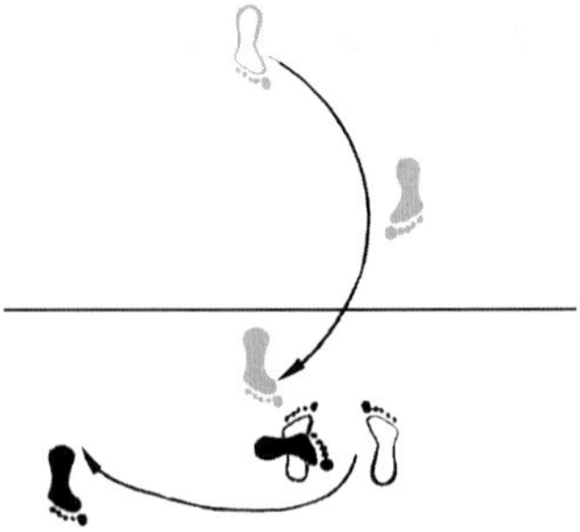

- Das linke Bein macht ansatzlos einen gewundenen Vorwärtstritt zum Solarplexus.

Chungdan Bituro Chagi

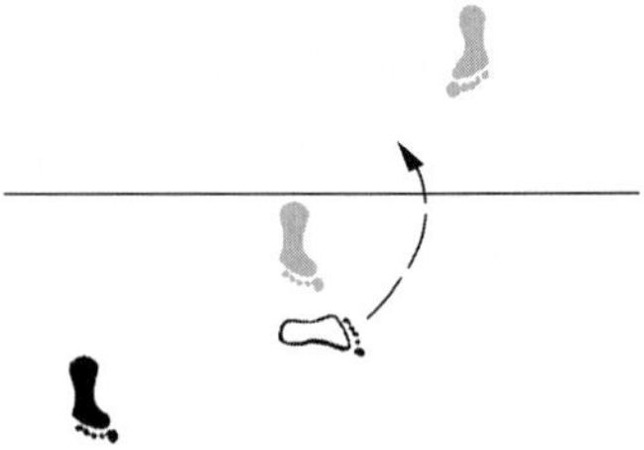

- Das linke Bein setzt am Standbein ab.
- Das rechte Bein macht einen Axtkick von außen nach innen ins Genick.

Sangdan Naeryo Chagi

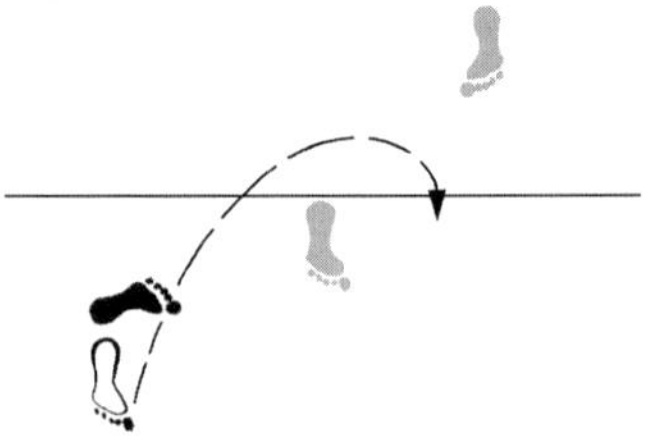

- Das rechte Bein setzt nach vorne in Schrittstellung ab.
- Die linke Hand macht einen Aufwärtsfauststoß zum Kinn.

Chongul Chungdan
Tijibo Chirugi

Nr. 30

- Ausweichen nach links hinten in Schrittstellung.
- Abwehr mit Hakenblock der linken Hand.

Chongul Sangdan
Kolchyo Makki

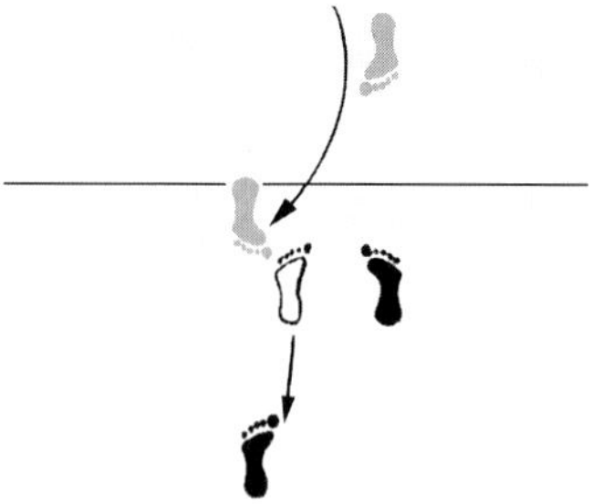

- Die linke Hand greift den Angriffsarm und zieht den Gegner nach vorne.
- Das rechte Bein setzt nach vorne in L-Stellung um.
- Die rechte Hand macht einen Fauststoß zum Solarplexus.

Hugul Chungdan
Paro Chirugi

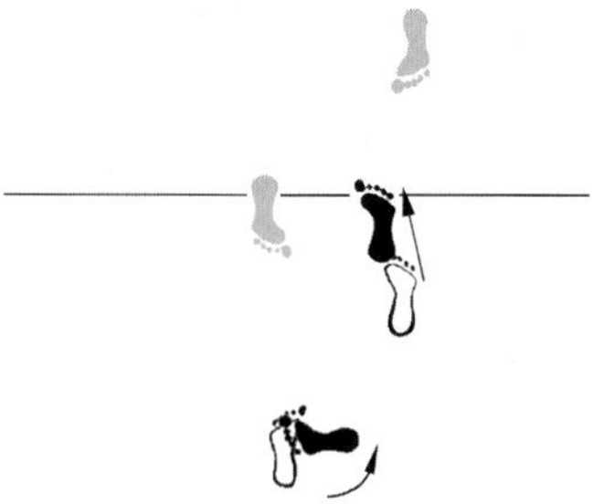

- Das rechte Bein setzt nach vorne in Schrittstellung um.
- Die rechte Hand greift den Kopf.
- Der linke Arm macht einen Schlag mit dem Ellenbogen nach innen zur Schläfe.

Chongul Sangdan
Ap Palkup Taerigi

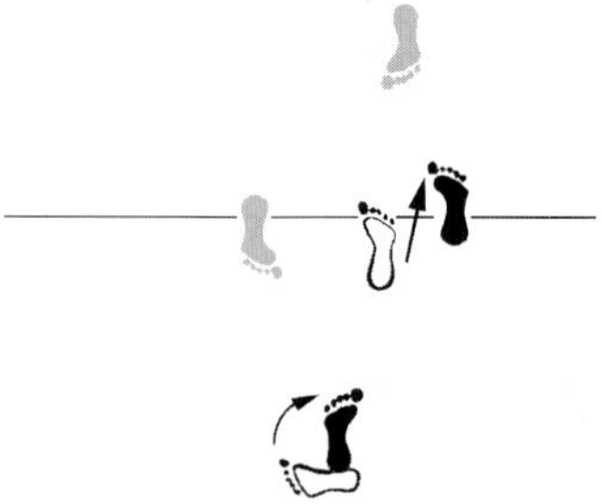

- Das rechte Bein wird zum linken Bein zurückgezogen.
- Die linke Hand macht ansatzlos einen Faustrückenschlag zur anderen Schläfe, indem der linke Arm gestreckt wird.

Moa Sangdan
Rikwon Yop Taerigi

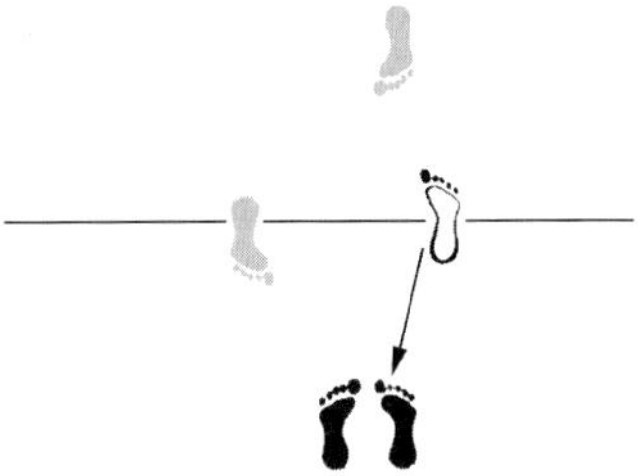

- Das linke Bein macht aus dem Stand einen Seitwärtsfußtritt zum Solarplexus.

Chungdan Yop Chagi

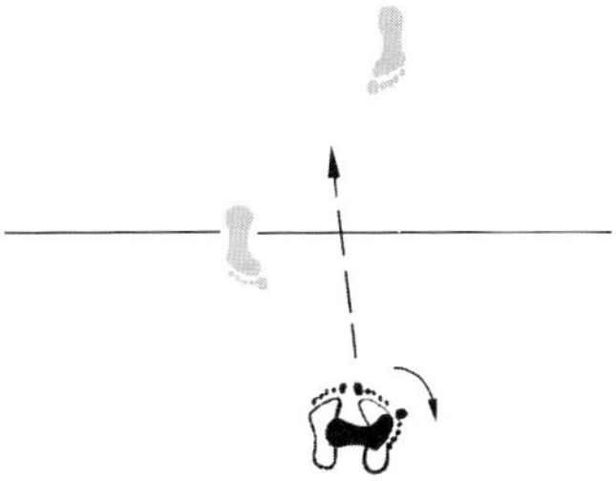

Nr. 31

- Ausweichbewegung nach links vorne in Reiterstellung.
- Die rechte Hand greift den Angriffsarm am Handgelenk.
- Gleichzeitig macht die linke Hand einen umgekehrten Fauststoß zu den kurzen Rippen.

Kima Sangdan Kolchyo Makki und Chungdan Tijibo Chirugi

- Das linke Bein wird vor den Gegner in Reiterstellung umgesetzt.
- Die linke Hand greift ebenfalls das Handgelenk des Angriffsarms, der auf der linken Schulter „gebrochen" wird.

Kima Sogi

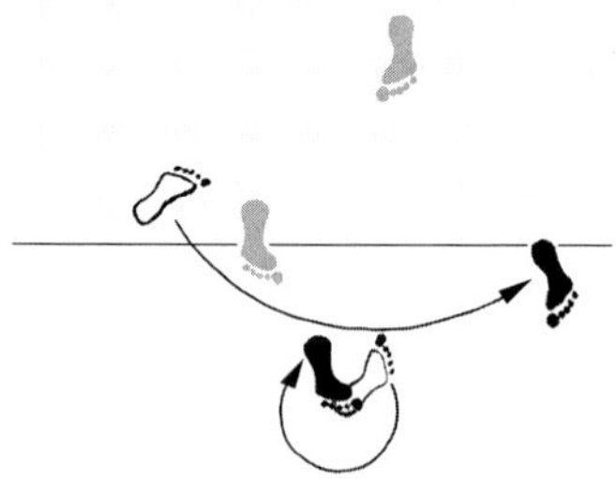

- Die Stellung wechselt durch Gewichtsverlagerung auf das linke Bein in L-Stellung.
- Die rechte Hand hält den Arm weiter fest und hebt ihn über den eigenen Kopf.

Hugul Sogi

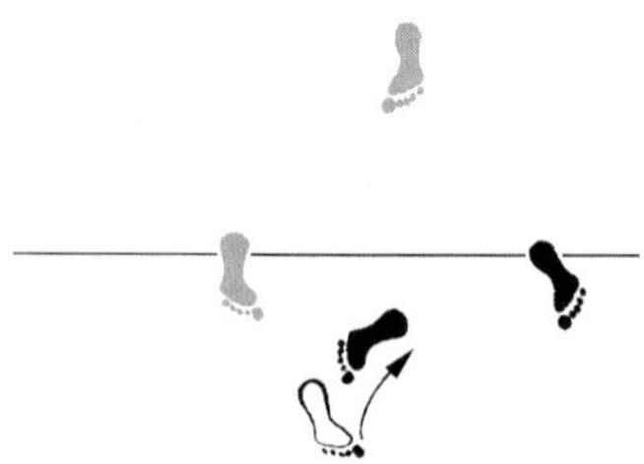

- Das Handgelenk wird so ergriffen, daß die Handfäche nach oben zeigt und der eigene Daumen beim kleinen Finger ansetzt.

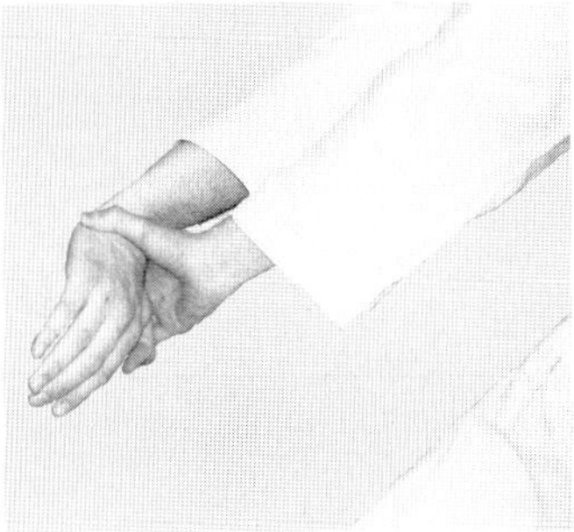

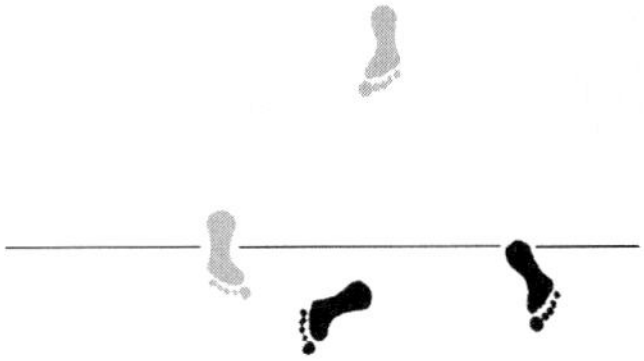

- Durch eine spiralförmige Drehung des Arms im Uhrzeigersinn, wird der Gegner diagonal nach vorne gehebelt.

Hugul Sogi

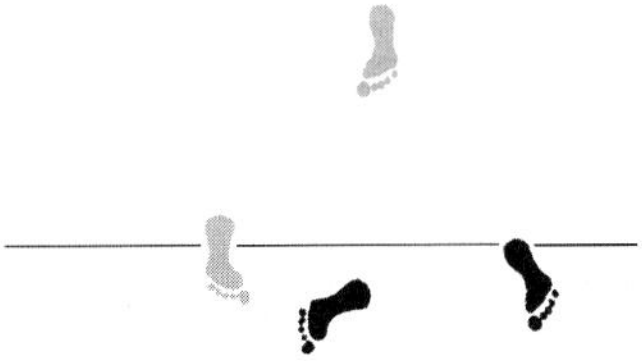

Nr. 32

- Ausweichbewegung diagonal nach links vorne in Schrittstellung.
- Abwehr mit Hakenblock der rechten Hand von innen nach außen.

Chongul Sangdan
Kolchyo Yop Makki

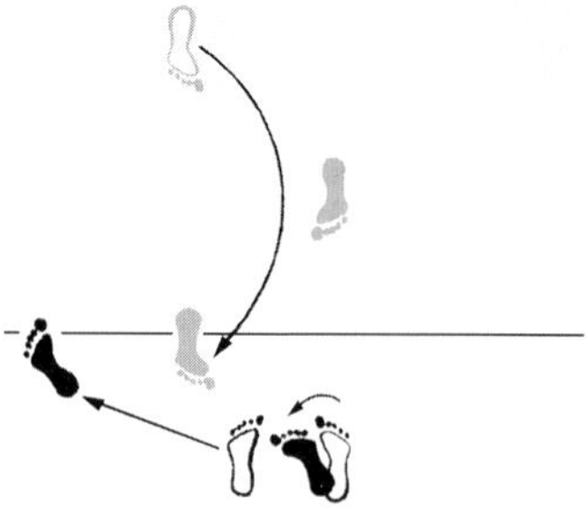

- Die rechte Hand greift den Angriffsarm.
- Das rechte Knie wird zum Kick herangezogen.

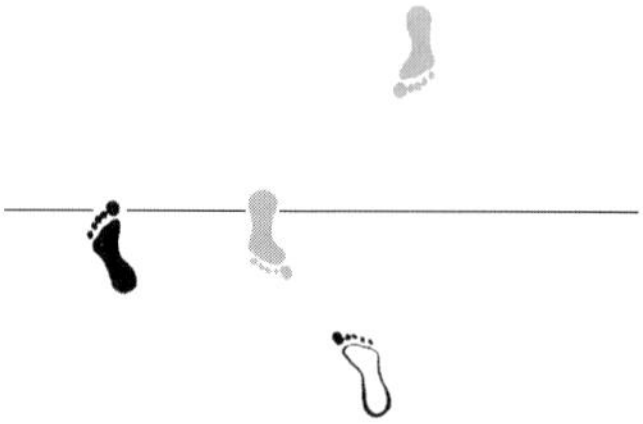

- Das rechte Bein macht einen tiefen Seitwärtstritt zum vorderen Kniegelenk.

Hadan Yop Chagi

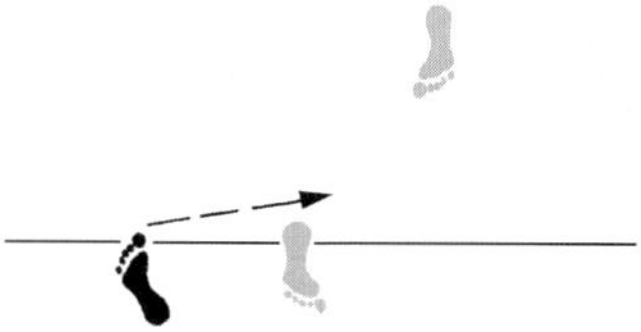

- Das rechte Bein macht ohne Abzusetzen einen Axtkick von innen nach außen ins Genick.

Chungdan Naeryo Chagi

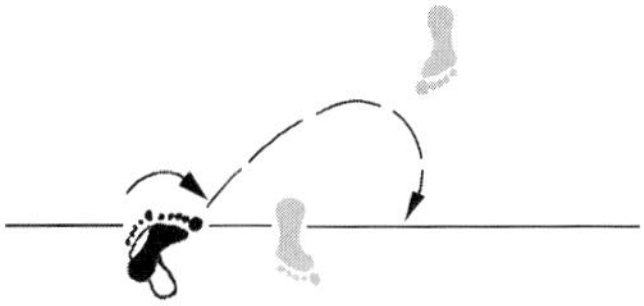

Nr. 33

- Ausweichen nach links hinten in L-Stellung.
- Abwehr mit der rechten Hand durch einen Fegeblock nach oben.

Hugul Song Mok Deung
Ollyo Makki

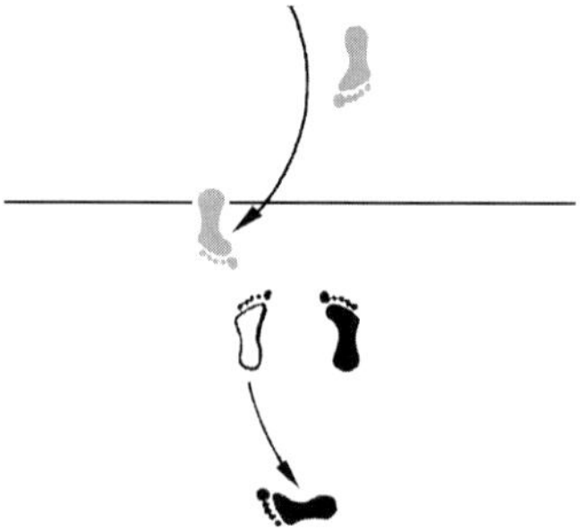

- Das rechte vordere Bein wird zum linken Bein zurückgezogen.
- Der Oberkörper dreht über den Rücken.

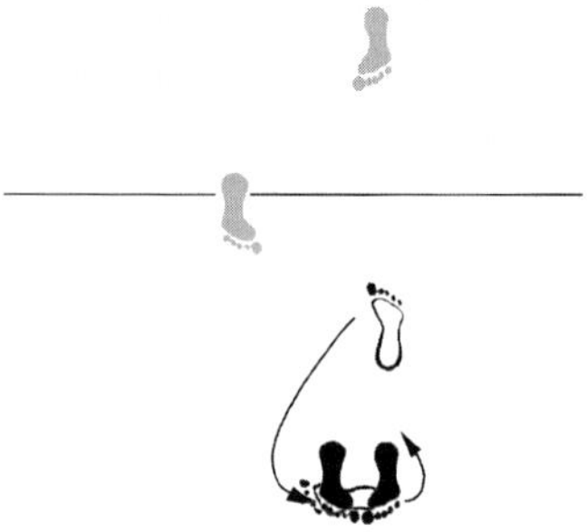

- Das linke Bein macht einen Drehseitkick zum Solarplexus.

Chungdan Tora Yop Chagi

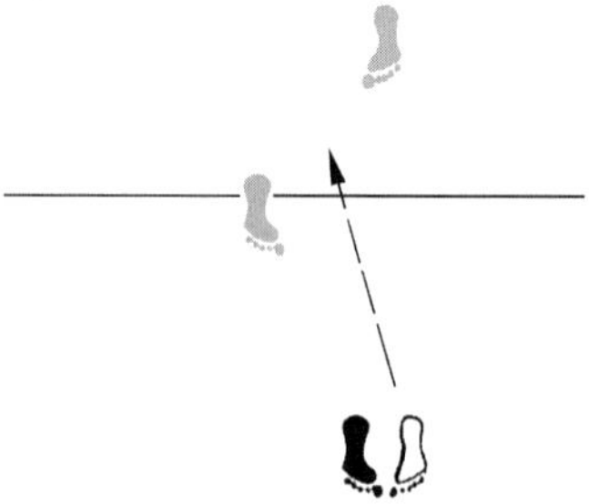

- Ohne Abzusetzen macht das linke Bein einen Seitwärtstritt zum Kinn.

Sangdan Yop Chagi

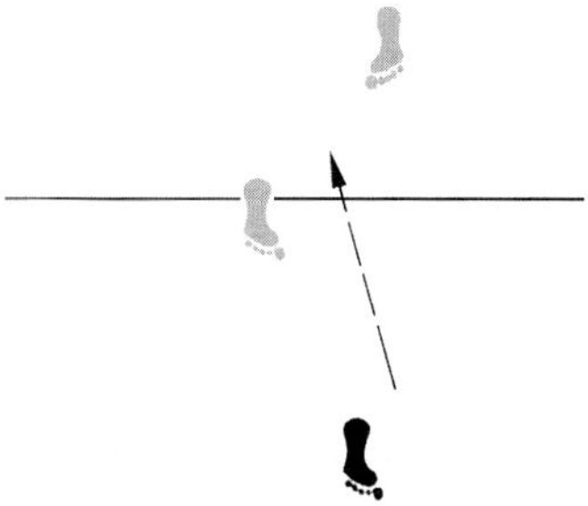

Nr. 34

- Ausweichen durch weites nach hinten Gleiten in die Katzenstellung.

Dytpal Sogi

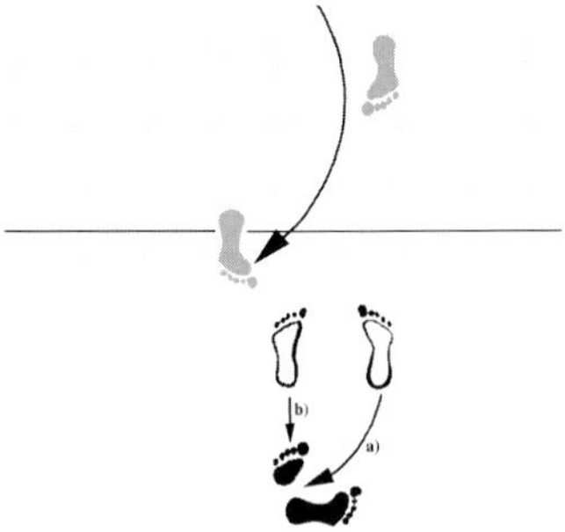

- Abwehr mit dem linken Bein von innen nach außen.

Sangdan Yop
Pandal Chagi

- Das linke Bein setzt am Standbein ab.
- Das rechte Bein macht einen Rundkick zur Schläfe.

Sangdan Dolyo Chagi

- Das rechte Bein setzt am Standbein ab.
- Das linke Bein macht einen Fersendrehschlag zur Schläfe, der auch gesprungen möglich ist.

Sangdan Pandae
Dolyo Chagi

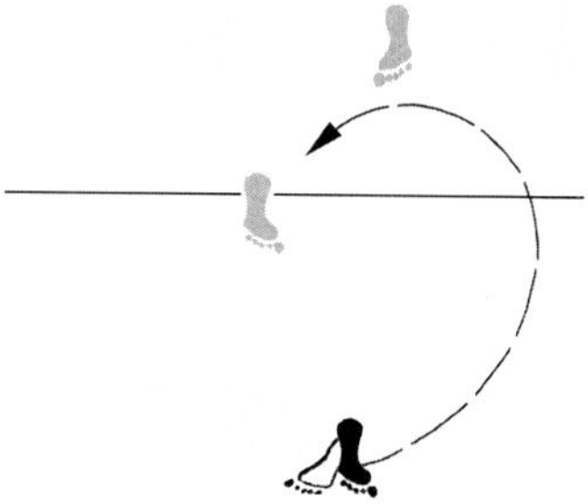

Nr. 35

- Ausweichbewegung nach hinten in L-Stellung.
- Abwehr mit dem linken Handballen von oben nach unten.

Hugul Sangdan
Changgwon Naeryo Makki

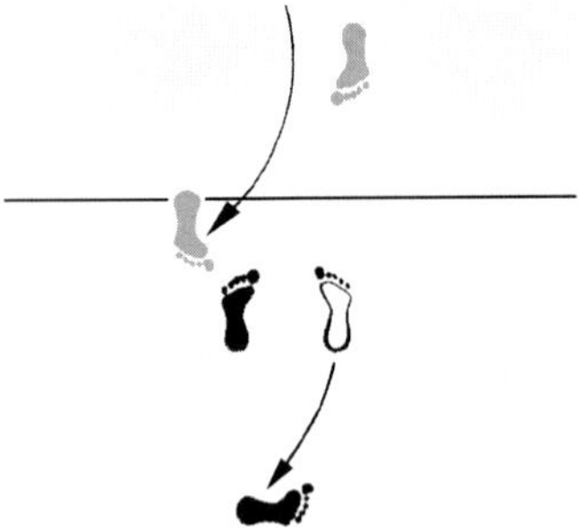

- Die linke Hand greift den Angriffsarm.
- Das linke Bein macht einen Seitwärtstritt zu den kurzen Rippen bzw. zur Hüfte.

Chungdan Yop Chagi

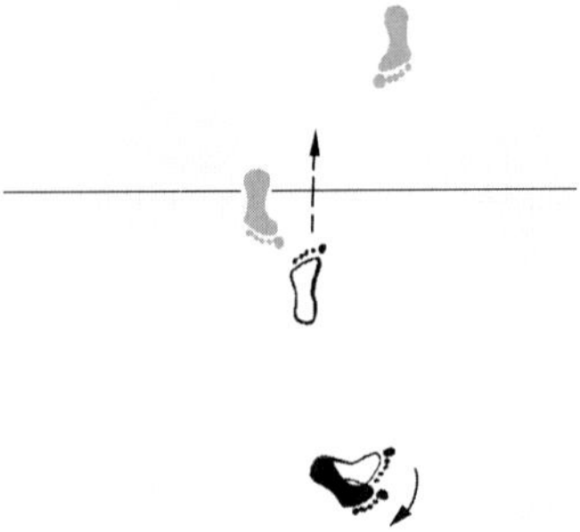

- Ohne Abzusetzen macht das linke Bein einen Hakenkick zur Schläfe.

Sangdan Huryo Chagi

- Ohne Abzusetzen macht das linke Bein einen Rundkick zur anderen Schläfe.

Sangdan Dolyo Chagi

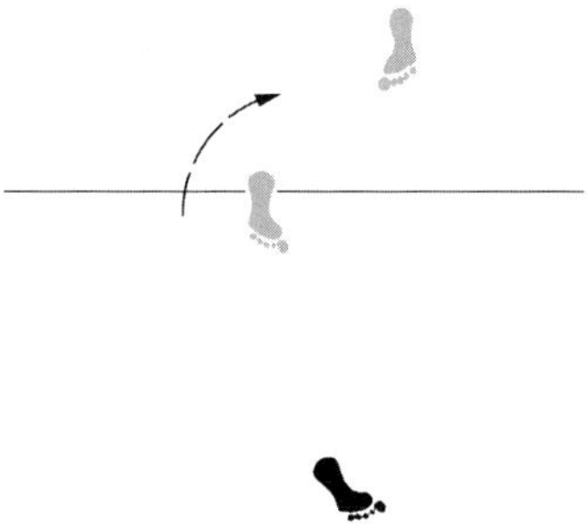

Nr. 36

- Ausweichen nach rechts hinten in Schrittstellung.
- Abwehr mit dem linken Unterarm von innen nach außen.

Chongul Sangdan
To Palmok Makki

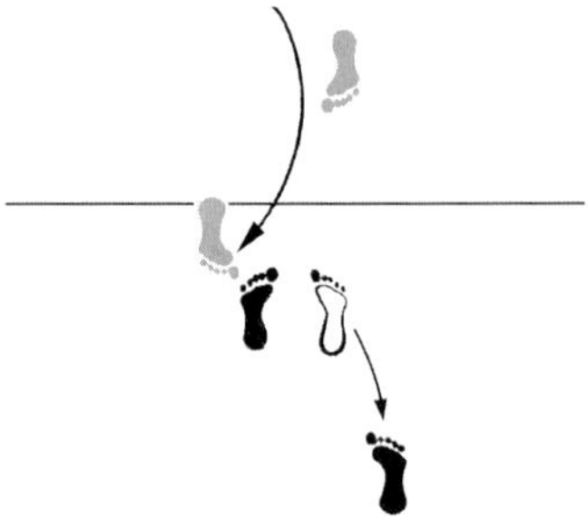

- Der linke Fuß wird etwas nach hinten gezogen.
- Das rechte Bein macht einen Rundkick zu den kurzen Rippen.

Chungdan Dloyo Chagi

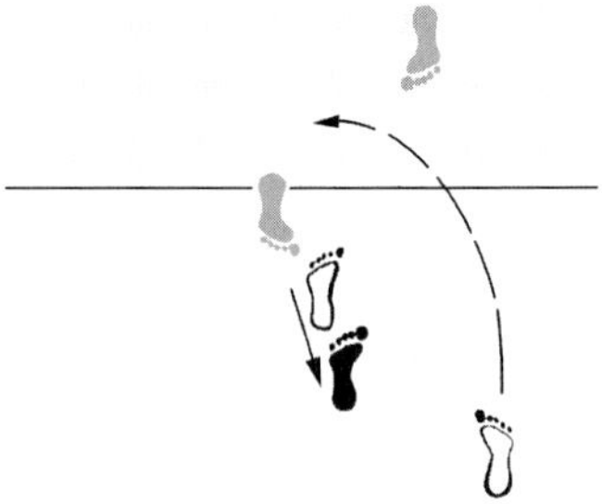

- Das rechte Bein setzt links am Gegner vorbei in Schrittstellung ab.
- Die rechte Hand macht einen Handballenstoß auf das Handgelenk des Angriffsarms.

Chongul Sangdan
Changgwon Chirugi

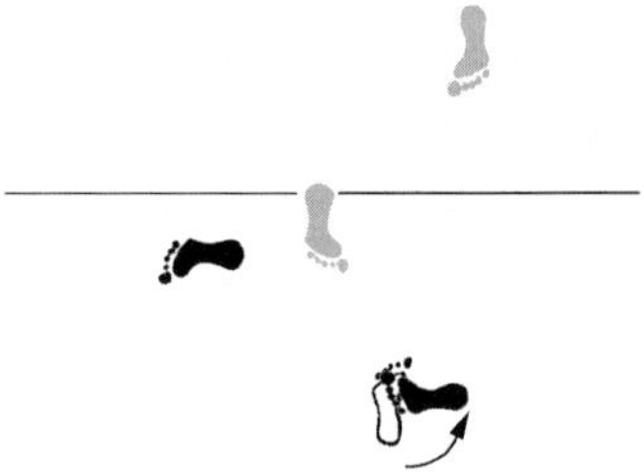

- Das linke Bein wird zum vorderen Bein nachgezogen.
- Drehung des Oberkörpers über den Rücken.

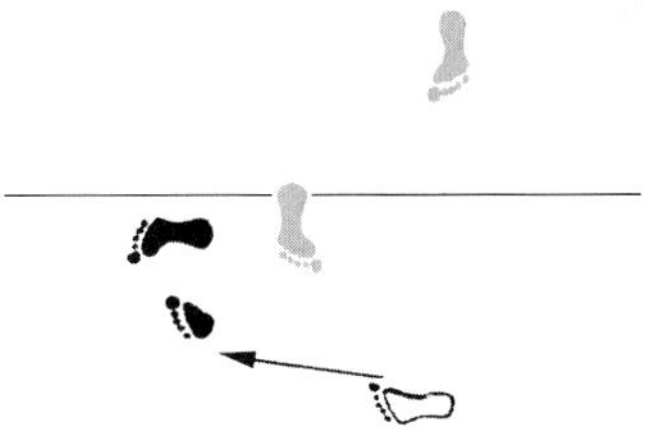

- Das linke Bein macht einen Fersendrehschlag zum Kopf.

Pandae Dolyo Chagi

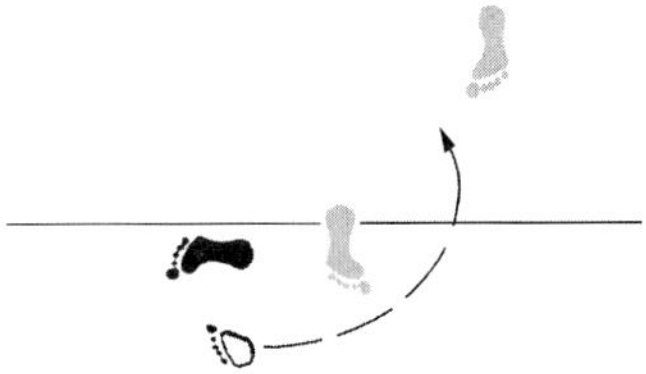

Nr. 37

- Ausweichen diagonal nach links vorne in Schrittstellung.
- Abwehr mit Hakenblock der rechten Hand.

Chongul Sangdan
Kolchyo Makki

- Die rechte Hand greift den Angriffsarm.
- Das rechte Bein macht einen Rundkick unter dem Angriffsarm zum Solarplexus.

Chungdan Dolyo Chagi

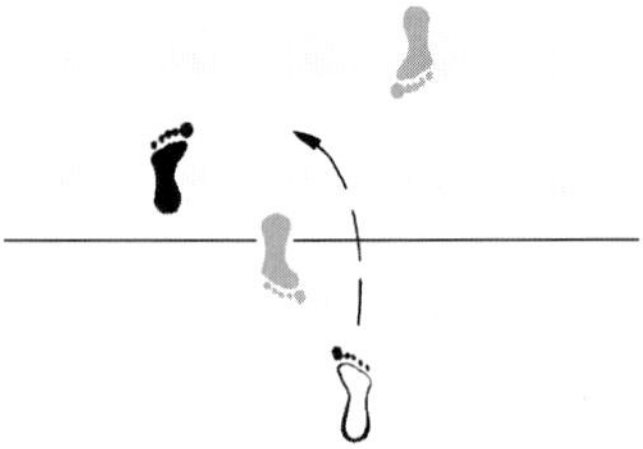

- Das rechte Bein setzt links am Gegner vorbei nach vorne ab.

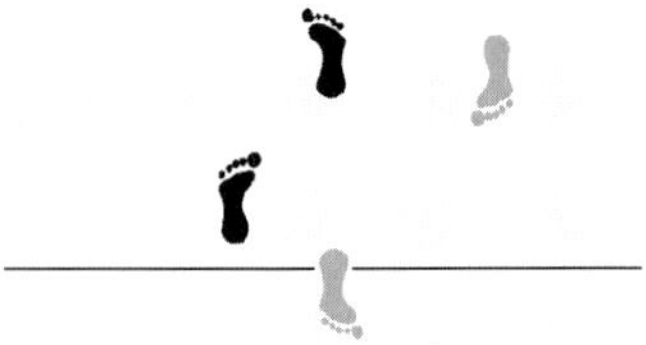

- Das linke Bein macht einen weiten Schritt am Gegner vorbei nach vorne und drückt zum Sprung ab.

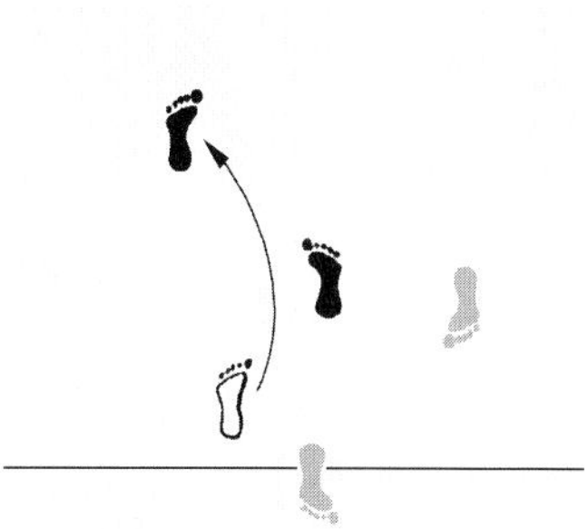

- Das rechte Bein macht einen gesprungenen Rückwärtstritt ins Genick.

Tymyo Dyt Chagi

Nr. 38

- Ausweichen diagonal nach rechts vorne in Reiterstellung.
- Abwehr mit der linken Handkante von innen nach außen.
- Gleichzeitig macht die rechte Hand einen Handkantenschlag von außen nach innen zu den kurzen Rippen.

Kima Sangdan Sudo Yop
Makki und Chungdan
Sudo Anuro Taerigi

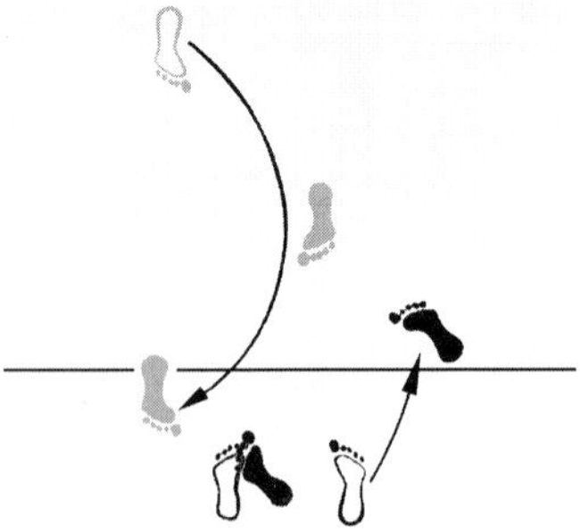

Die linke Hand greift den Angriffsarm, die rechte Hand gleitet auf den Rücken. - Der rechte Fuß wird zwischen die Füße des Gegners gesetzt; der linke Fuß wird nachgezogen. - Die Hüfte wird eingedreht, so daß sie in die gleiche Richtung wie beim Gegner zeigt.

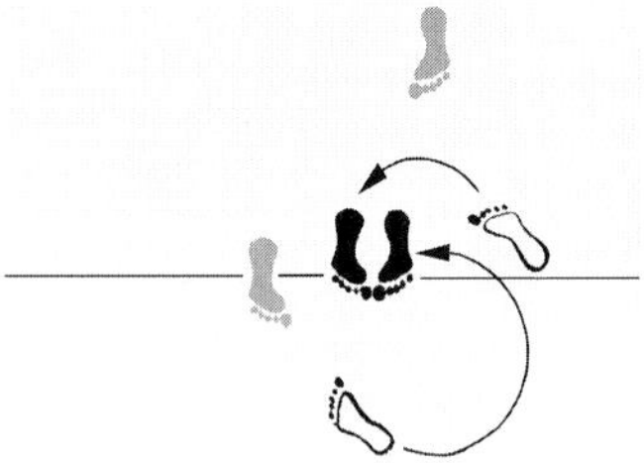

- Die beiden gebeugten Beine werden durchgestreckt. Dadurch wird der Gegner von den Füßen gehoben und auf die eigene Hüfte „aufgeladen“.

- Durch Zug am Angriffsarm und Drehung des nach vorne gebeugten Oberkörpers nach links, wird der Gegner über die Hüfte zu Boden gebracht (Hüftwurf).

- Die rechte Hand macht einen tiefen Fauststoß aus der Hocke zum am Boden liegenden Gegner.

Nr. 39

- Ausweichen nach links vorne in Schrittstellung.
- Abwehr mit der linken Hand nach rechts zur Seite.
- Gleichzeitig Handballenstoß mit der rechten Hand unter dem linken Arm zu den Nieren.

Chongul Sangdan Changgwon Yop Makki und Chungdan Changgw-on Chirugi

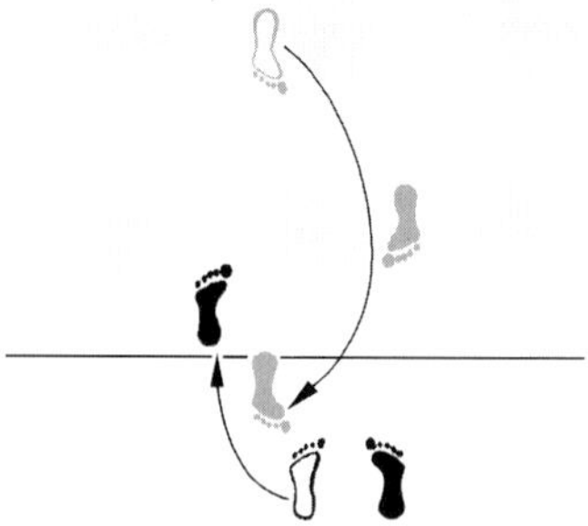

- Rechten Fuß links am Gegner vorbei vor den linken Fuß setzen, so daß die Füße bei Drehung über den Rücken in kurzer L-Stellung sind.

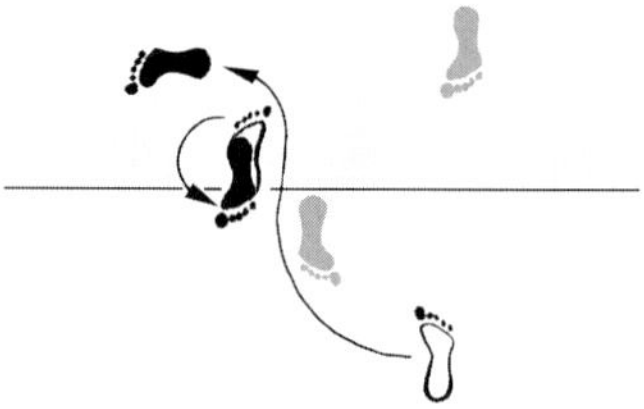

- Das linke Bein macht einen Hakenkick unter dem Angriffsarm zum Solarplexus.

Chungdan Pandae Chagi

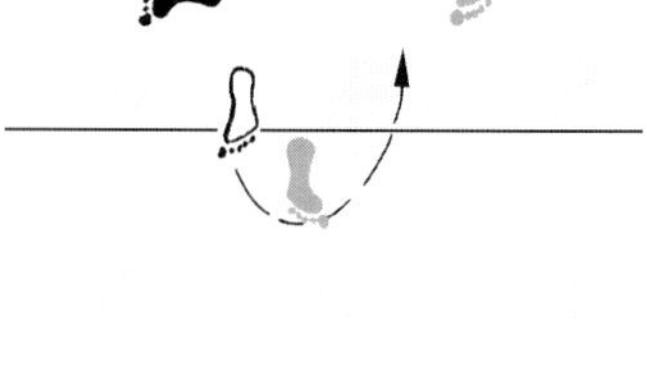

- Das linke Bein setzt neben dem vorderen Fuß des Gegners ab.
- Der Oberkörper dreht über den Rücken zurück.

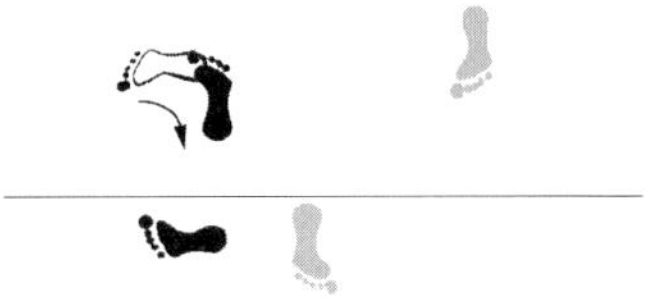

- Der rechte Arm geht über den Kopf des Gegners und setzt an seinem Hals an.
- Das rechte Bein setzt mit der Ferse an der Wade des vorderen Beins des Gegners an.

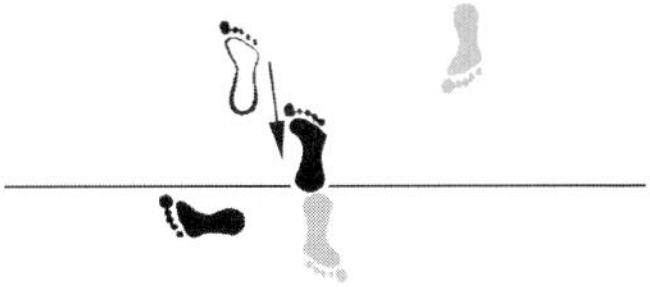

- Durch Druck mit dem rechten Arm nach vorne und Zug mit dem rechten Bein nach hinten, wird der Gegner aus dem Gleichgewicht und zu Boden gebracht (Fußfeger).

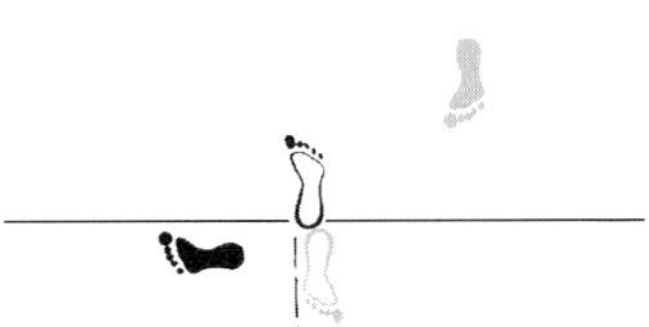

Nr. 40

- Ausweichbewegung nach rechts hinten in L-Stellung.
- Abwehr mit dem linken Arm von außen nach innen.

Hugul Sangdan Pakkat
Palmok Anuro Makki

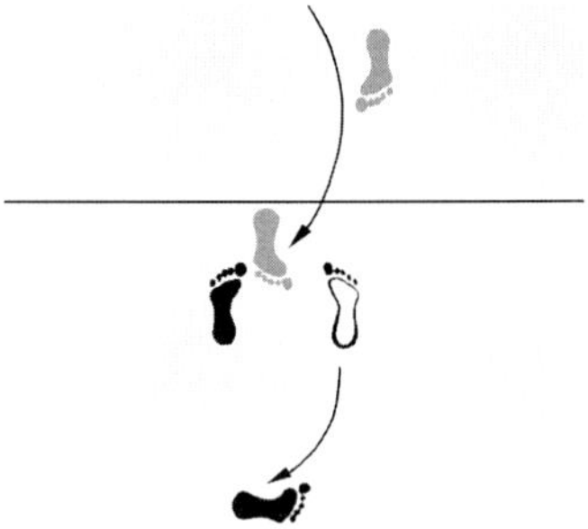

- Umsetzen nach vorne in Schrittstellung mit Körpereinsatz.
- Ellenbogenschlag von außen nach innen auf die kurzen Rippen.

Chongul Chungdan
Palkup Anuro Taerigi

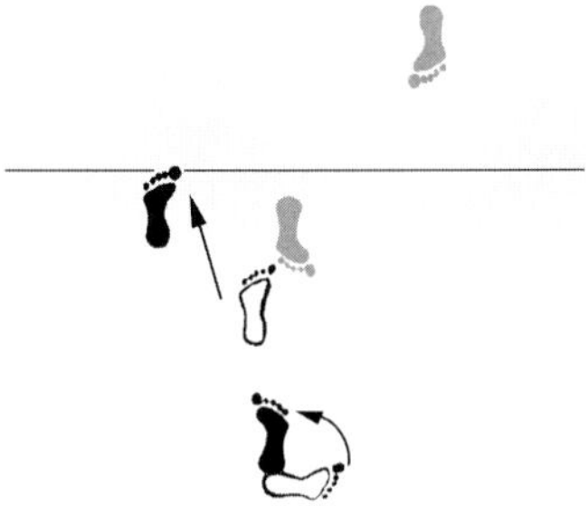

- Die linke Hand macht einen Handballenschlag auf den Hinterkopf.

Chongul Sangdan
Changgwon Taerigi

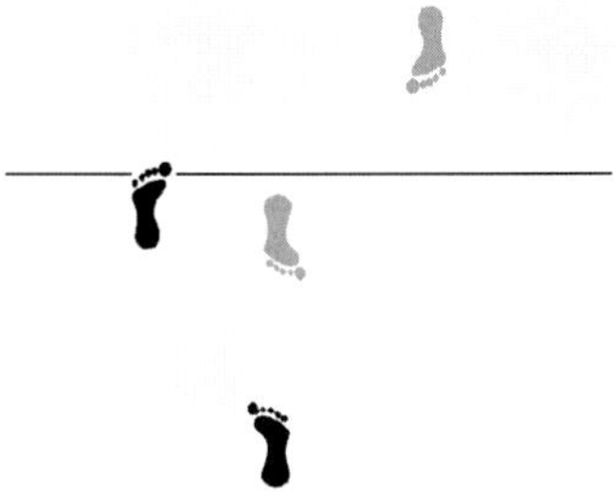

- Die linke Hand bleibt am Hinterkopf.
- Die rechte Hand geht ans Kinn und setzt einen Genickhebel an.

Chongul Sogi

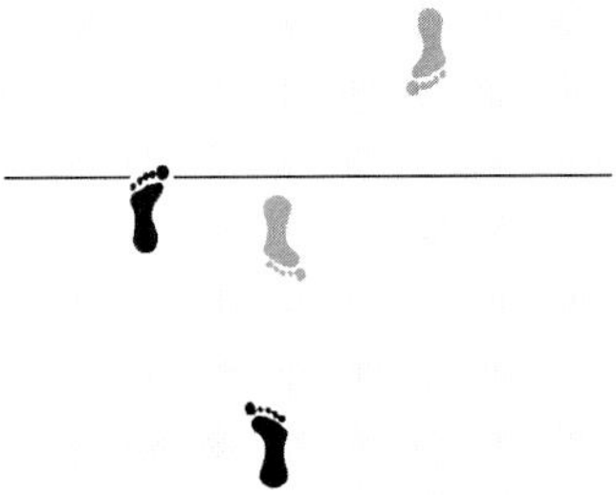

Nr. 41

- Ausweichen nach rechts hinten in L-Stellung.
- Abwehr mit dem linken Handballen von außen nach innen.

Hugul Sangdan
Changgwon Anuro Makki

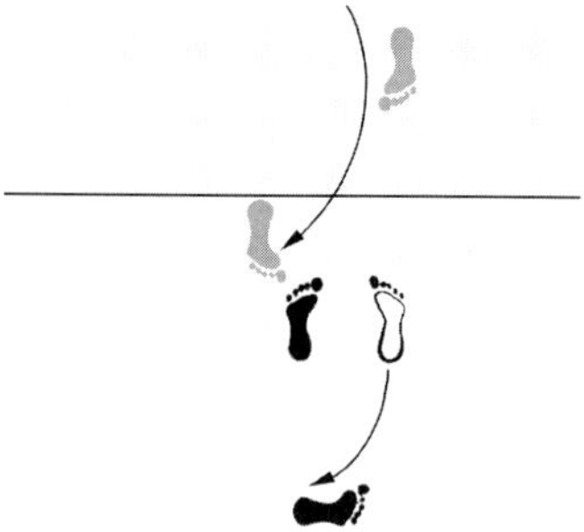

- Die linke Hand greift den Angriffsarm.
- Das linke Bein macht ansatzlos einen Rundkick zu den kurzen Rippen.

Chungdan Dolyo Chagi

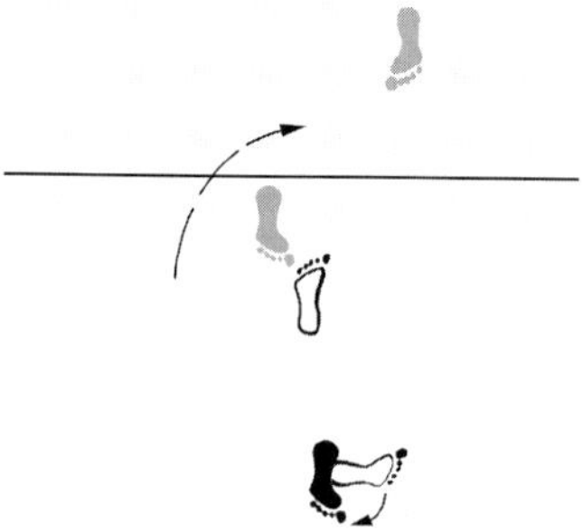

- Das linke Bein setzt hinter dem vorderen Fuß des Gegners in L-Stellung ab.
- Die linke Hand drückt den Angriffsarm nach unten weg.

Hugul Sogi

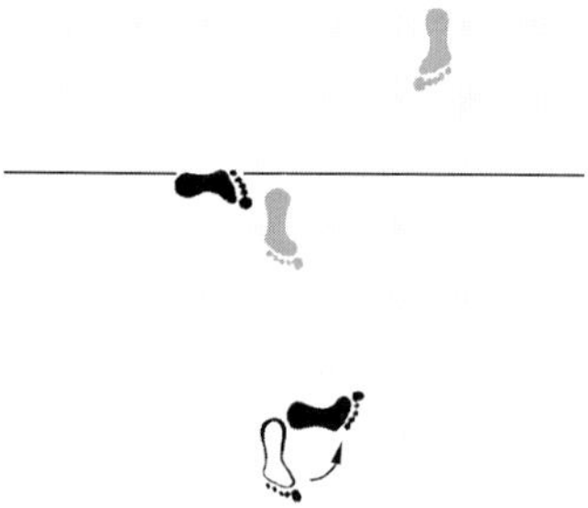

- Umsetzen in Schrittstellung durch Strecken des rechten Beins.
-Die rechte Hand macht einen Schlag mit der Innenhandkante zum Hals.

Chongul Sangdan
Yoksudu Taerigi

- Der rechte Fuß wird zum vorderen Fuß herangezogen.
- Der linke Fuß setzt am Fußgelenk des vorderen Beins vom Gegner an.
- Die rechte Hand wir zurückgezogen, während die linke Hand über dem Angriffsarm von innen am Hals ansetzt.

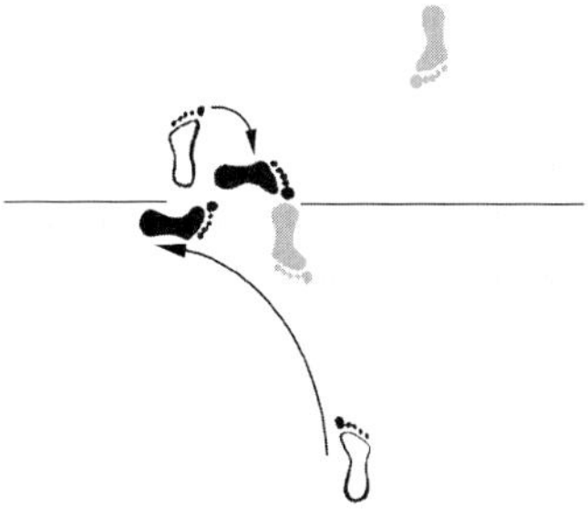

- Der Gegner wird durch einen Körperhebel zu Boden gebracht:
- Der linke Arm drückt am Kehlkopf nach hinten.
- Das linke Bein fegt das vordere Bein des Gegners durch Druck nach vorne weg.

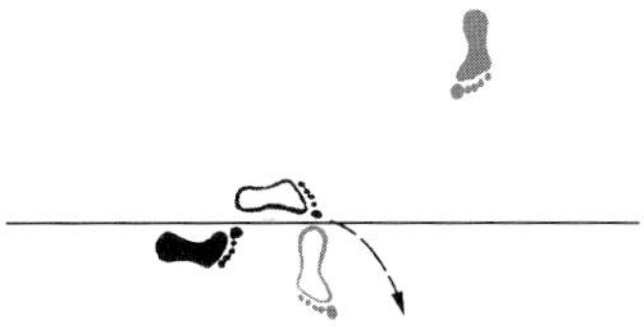

Nr. 42

- Ausweichen nach links vorne in Schrittstellung.
- Abwehr mit der linken Hand nach rechts zur Seite.
- Gleichzeitig Schlag mit der rechten Innnenhandkante zum Solarplexus.

Chongul Sangdan
Changgwon Yop Makki
und Chungdan Yok Sudo
Taerigi

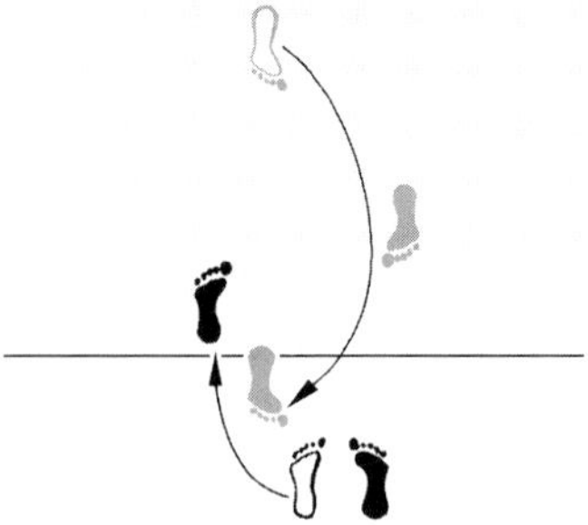

- Der rechte Fuß wird zum linken Fuß nach vorne gezogen.
- Die rechte Hand geht unter dem Angriffsarm zur Halsseite
- Die linke Hand drückt den Angriffsarm an der Schulter nach rechts.

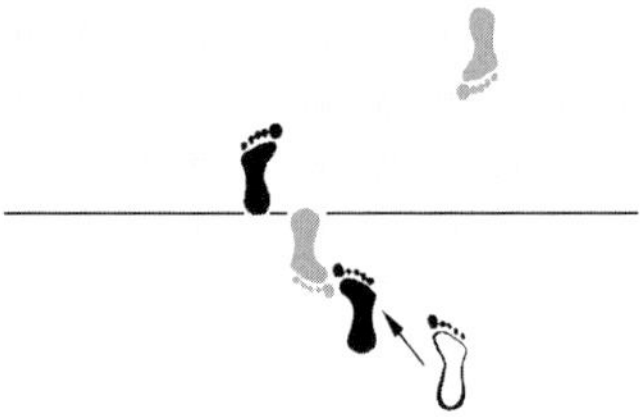

- Die rechte und die linke Hand fassen sich am Genick des Gegners.
- Durch Zusammenpressen der eigenen Arme wird dem Gegner der Hals zugedrückt.

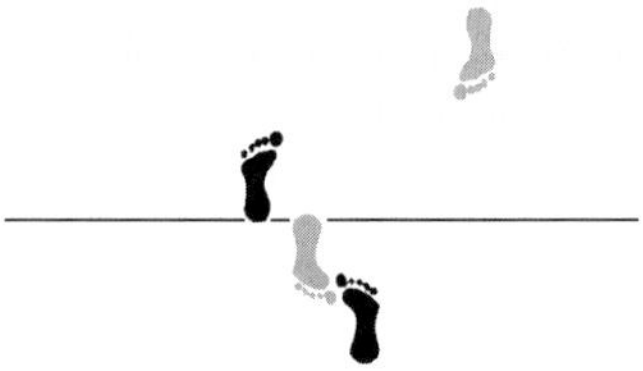

- Der rechte Fuß macht einen Schritt nach vorne in Schrittstellung.
- Der Gegner wird im Würgegriff mit beiden Armen zu Boden gebracht.

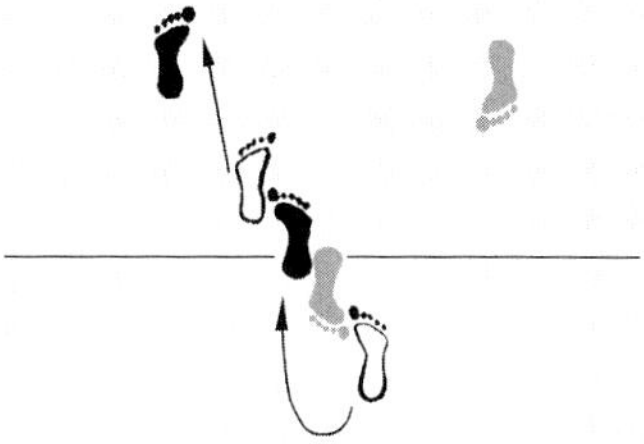

Nr. 43

- Ausweichen diagonal nach rechts vorne in Schrittstellung.
- Abwehr mit Hakenblock der linken Hand.

Chongul Sangdan
Kolchyo Makki

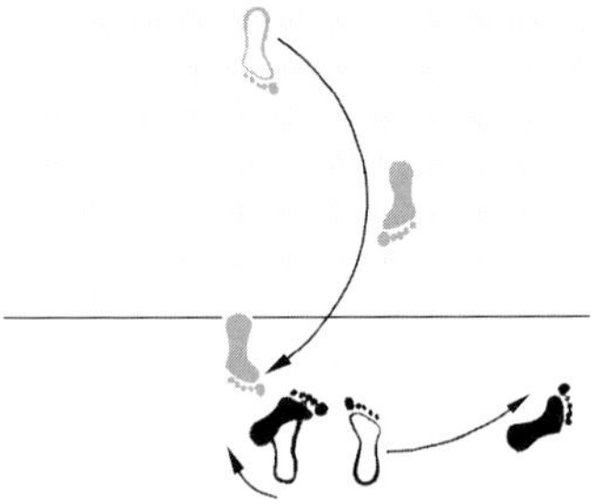

- Die linke Hand greift den Angriffsarm und führt ihn in einer kreisförmigen Bewegung zur rechten Hand.
- Das linke Bein macht einen Schritt dicht rechts am Gegner vorbei in Schrittstellung.

Chongul Sogi

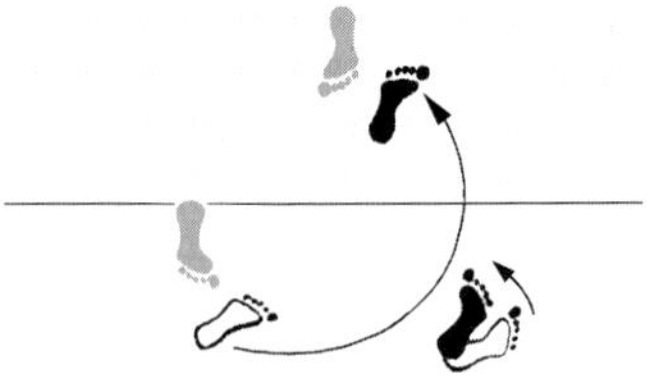

- Beide Hände greifen nun den Angriffsarm und führen ihn über den eigenen Kopf, während sich die Schrittstellung durch Drehen des Oberkörpers über die Brust umkehrt.

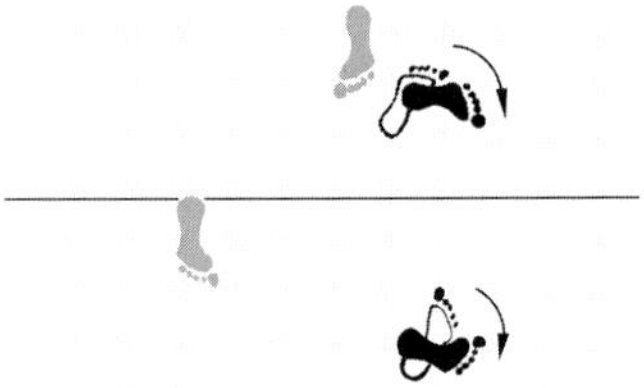

- Der Angriffsarm wird durch Zug am Ellenbogengelenk abgewinkelt, so daß das Ellenbogengelenk an der rechten Schulter aufliegt.

Chongul Sogi

- Das linke Bein macht einen Schritt am Gegner vorbei nach vorne.
- Der Gegner wird durch weiteren Zug am Angriffsarm nach unten durch einen Schulterhebel zu Boden gebracht.

Chongul Sogi

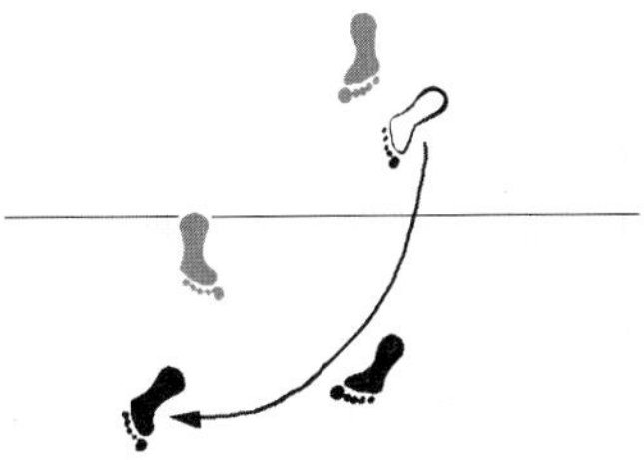

- Die rechte Hand macht einen tiefen Fauststoß aus der Hocke zum am Boden liegenden Gegner.
- Die linke Hand hält den angewinkelten Arm weiter fest.

Nr. 44

- Ausweichen nach rechts hinten in Schrittstellung.
- Abwehr durch Obenblock mit dem linken Arm.

Chongul Chukyo Makki

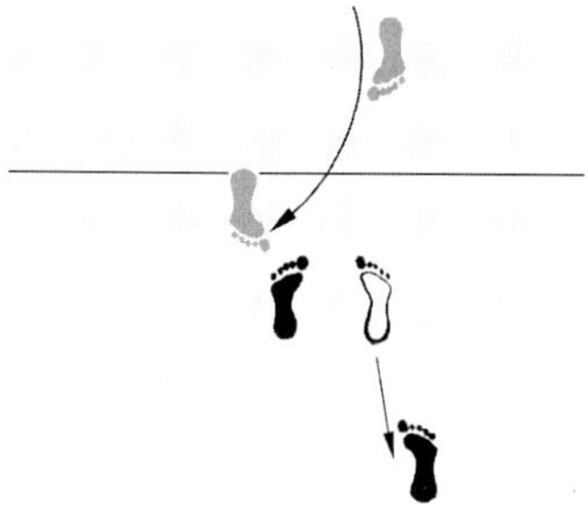

- Das rechte Bein wird zum linken Bein nach vorne gezogen.
- Der rechte Arm greift von innen um den Angriffsarm herum.

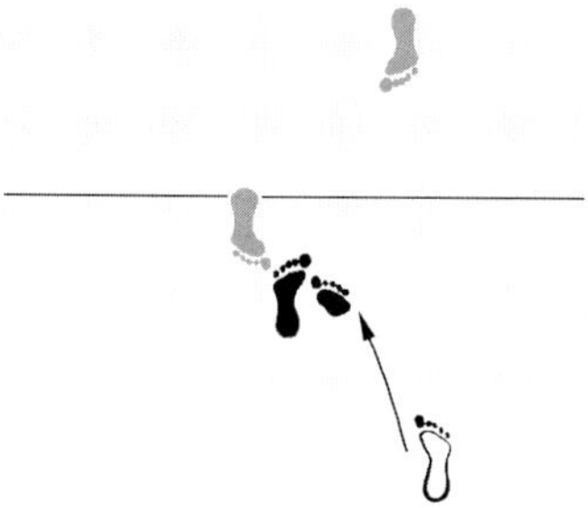

- Die linke Hand fixiert das Handgelenk des Angriffsarms.
- Die rechte Hand greift um den Unterarm in die Ellenbogenbeuge des linken Arms.

- Das linke Bein macht einen Schritt links am Gegner vorbei nach vorne in Schrittstellung.
- Durch Zug am Handgelenk nach unten entsteht ein Schulterhebel - der Gegner wird zu Boden gebracht.

Chongul Sogi

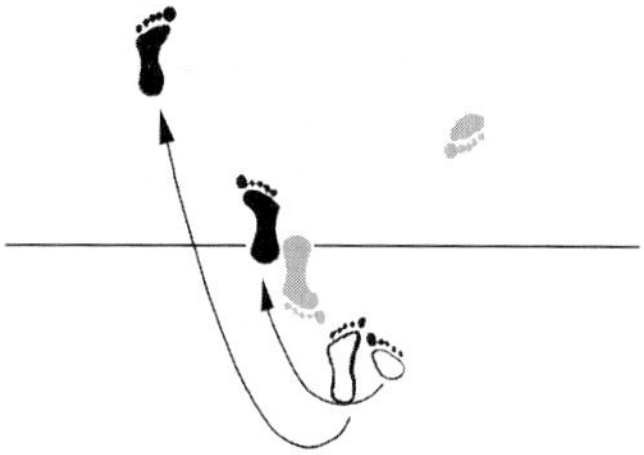

Nr. 45

- Ausweichen diagonal nach links vorne in Schrittstellung.
- Abwehr mit Hakenblock der rechten Hand.

Chongul Sangdan
Kolchyo Makki

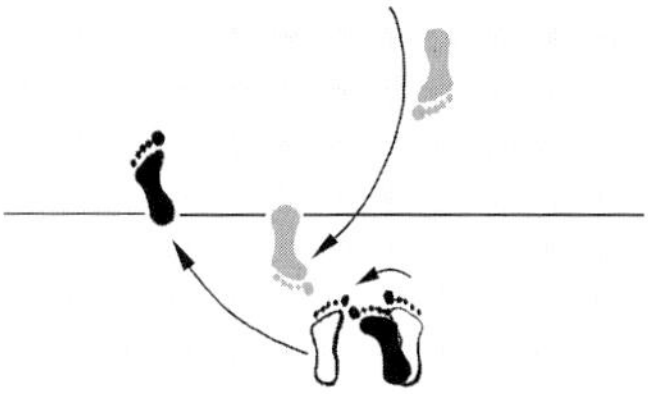

- Die Füße setzen in Reiterstellung um (Hüfteinsatz).
- Die rechte Hand greift den Angriffsarm.
- Die linke Hand macht einen Schlag mit dem Handballen zum Hinterkopf.

Kima Sangdan
Changgwon Taerigi

- Durch Strecken des linken Beins wird in Schrittstellung gewechselt.
- Der linke Arm macht durch Anwinkeln einen Ellenbogenschlag zum Kopf.

Chongul Sangdan
Palkup Nopun Taerigi

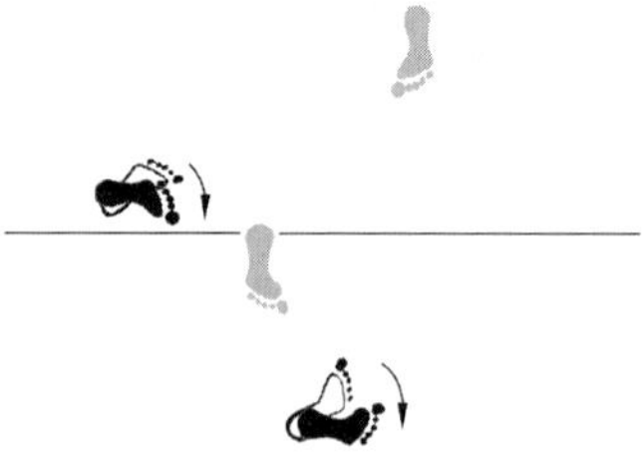

- Die linke Hand überstreckt den Angriffsarm durch Zug über die eigene Brust.
- Der rechte Arm wird gestreckt und bringt den Gegner durch Druck auf den Kehlkopf aus dem Gleichgewicht (Handfläche zeigt nach oben). Es entsteht ein Körperhebel.

Chongul Sogi

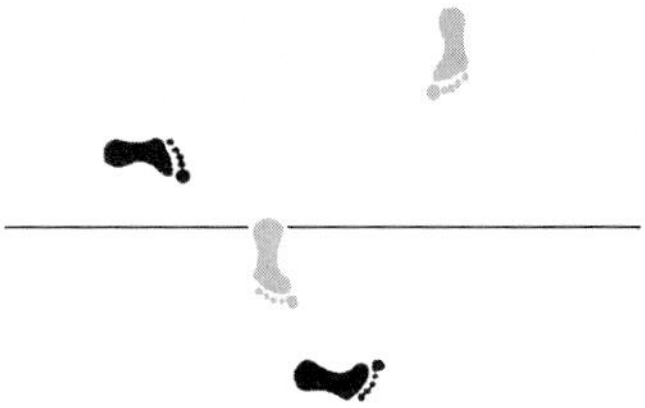

Nr. 46

- Das linke Knie wird zum Schwungholen hochgezogen.

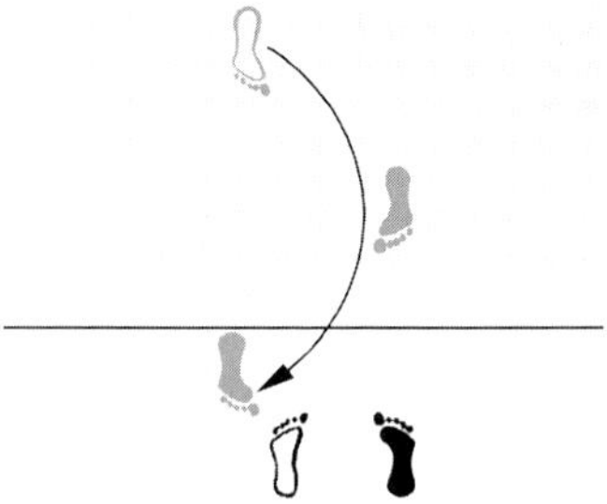

- Scherensprung nach rechts zur Seite.

- Während das linke Bein nach dem Sprung absetzt, macht das rechte Bein einen Vorwärtstritt zum Solarplexus.

Tymyo Idan Ap Chagi

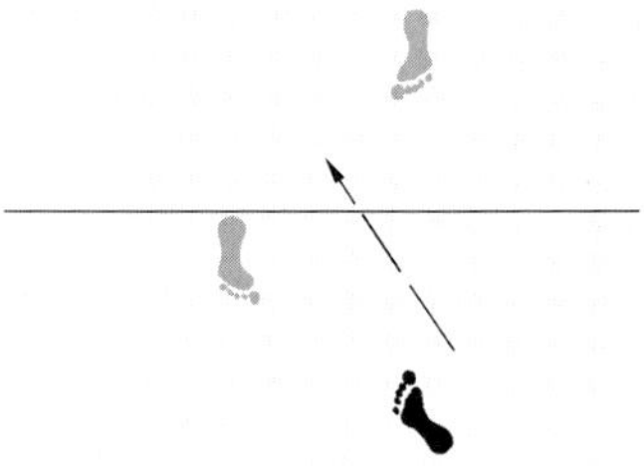

Nr. 47

- Ausweichen nach links hinten in L-Stellung.
- Abwehr mit dem rechten Handballen nach unten.

Hugul Changgwon
Hadan Makki

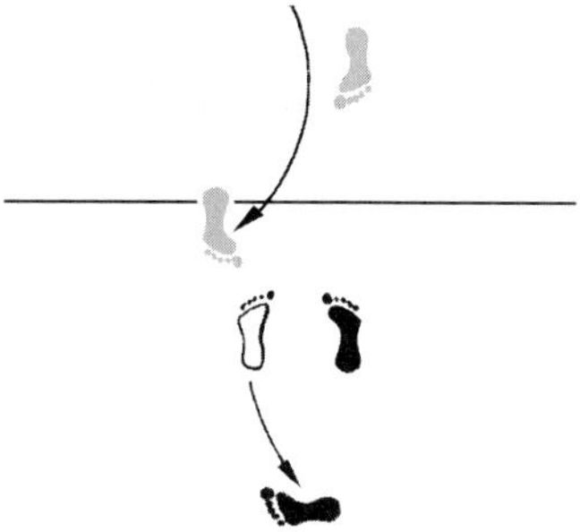

- Das linke Bein macht einen gesprungenen Fersendrehschlag zum Kopf.

Tymyo Pandae
Tolyo Chagi

- Nach dem Sprung setzt das linke Bein hinten in L-Stellung ab.

Hugul Sogi

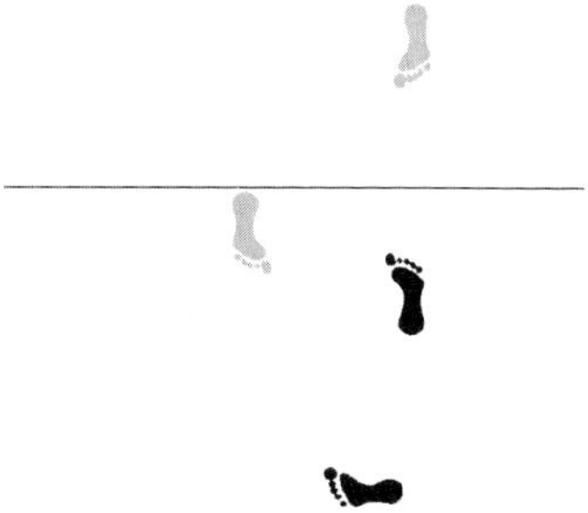

Nr. 48

- Das linke Bein gleitet etwas nach Hinten.
- Das rechte Bein macht eine Abwehr mit der Fußinnenseite von außen nach innen.

An Bandae Chagi

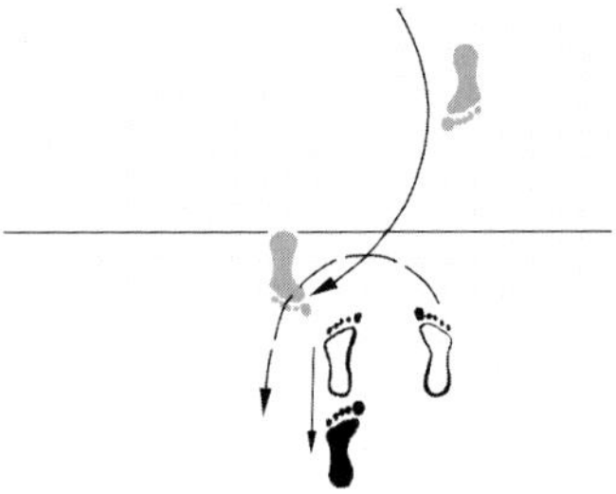

- Das rechte Bein setzt am Standbein ab.
- Drehung über den Rücken.
- Das linke Knie wird zum Schwungholen hochgezogen.

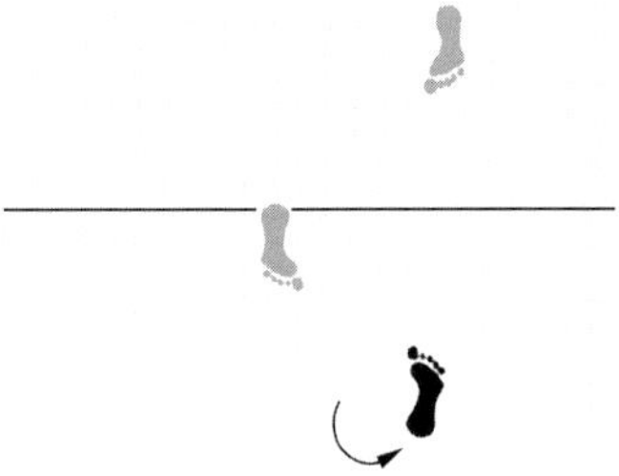

- Das rechte Bein macht im Sprung einen Tritt mit der Fußinnenseite von außen nach innen zur Schläfe.

Tymyo Idan
An Pandae Chagi

- Das linke Bein setzt nach dem Sprung hinten in L-Stellung ab.

Hugul Sogi

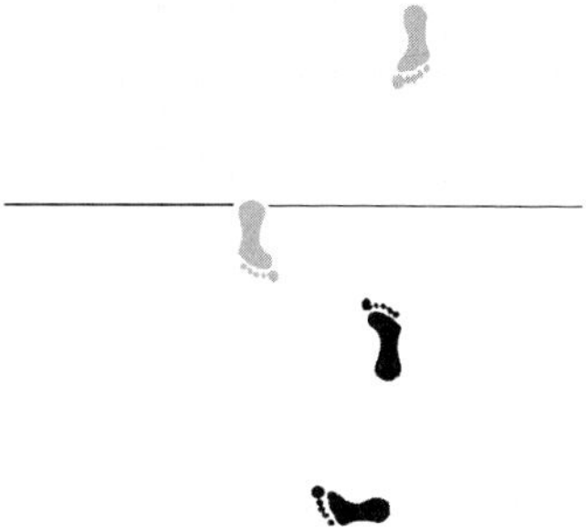

Nr. 49

- Das linke Bein kniet im rechten Winkel hinter dem rechten Bein ab.
- Beide Hände stützen vor dem rechten Fuß des Gegners ab.

- Das rechte Bein macht aus dem Kniestand einen Rundkick zum Solarplexus.

- Der rechte Fuß stellt sich nach dem Kick auf.
- Die linke Hand fixiert den vorderen Fuß des Gegners am Boden.
- Die rechte Hand macht einen Faustst0ß zum Unterleib.

- Nach dem Fauststoß setzt der rechte Arm mit dem Ellenbogen an der Innenseite des Kniegelenks vom vorderen Bein des Gegners einen Kniehebel an.
- Die linke Hand fixiert weiter den Fuß.

- Durch Gewichtsverlagerung nach vorne wird Druck auf die Innenseite des Kniegelenks ausgeübt.
- Der Gegner wird durch den Kniehebel nach hinten zu Fall gebracht.

- Der Ellenbogen bleibt am Knie, bis der Gegner zu Boden gebracht ist.
- Das linke Bein wird gestreckt.

- Das linke Bein wird nach vorne gezogen und zum Kniestand aufgestellt.

- Die rechte Hand macht aus dem Kniestand einen Fauststoß
  zu den Genitalien.

Nr. 50

- Das linke Bein kniet im rechten Winkel hinter dem rechten Bein ab.
- Beide Hände stützen vor dem rechten Fuß des Gegners ab.

- Das rechte Bein macht aus dem Kniestand einen Rundkick zum Solarplexus.

- Der Oberkörper legt sich zur linken Seite ab.
- Das rechte Bein ist oben.

- Das linke (untere) Bein fixiert den vorderen Fuß des Gegners von vorne.
- Das rechte (obere) Bein geht hinter das vordere Bein des Gegners.

- Das rechte Bein macht aus dem Liegen einen Hakenkick von hinten in die Kniekehle.
- Mit dieser Beinschere wird der Gegner nach vorne zu Fall gebracht.

- Beide Füße fixieren weiter das Bein des Gegners.
- Der Oberkörper wird aus der Seitenlage auf den Rücken gerollt.

- Beim Aufsetzen übernimmt die linke Hand die Kontrolle über den Fuß.
- Das rechte Bein liegt weiter über der rechten Kniekehle des Gegners.

- Das rechte Bein des Gegners wird zwischen der Kniekehle des rechten Beins und dem linkem Beckenknochen nach vorne gehebelt.
- Die rechte Hand greift in die Haare und überstreckt durch Zug nach hinten seinen Rücken.